Monaco

Luxe, crime et corruption

Un récit d'Hélène Constanty
Mise en scène, dessin et couleurs de Thierry Chavant

Noctambule

Monaco
avant-propos

Par Hélène Constanty

Au cœur de l'Europe, Monaco, paradis fiscal,
cultive le secret. Y enquêter est particulièrement difficile.
L'information y est strictement contrôlée.
Personne n'ose critiquer le prince ni son gouvernement,
de peur de tomber en disgrâce.

Pour une journaliste d'investigation,
quoi de plus excitant ?

Monaco avant-propos

J'écris dans *Mediapart* depuis dix ans, après avoir roulé ma bosse dans de nombreux magazines et effectué des grands reportages pour *GEO* sur tous les continents. J'adore me confronter à des sujets ardus, à des enquêtes complexes sur les malversations commises par des personnalités du monde politique ou économique et sur les rouages cachés de la grande délinquance financière.

La première fois que je suis allée à Monaco, j'ai eu un choc : des immeubles sans charme de quarante étages massés en front de mer au pied de hautes falaises, un entrelacs de souterrains pour la circulation automobile, des trottoirs en pierres roses, si propres que l'on se serait cru dans un décor de cinéma, des enfilades de boutiques de grands couturiers, des policiers et des caméras à chaque coin de rue...

Mais pourquoi donc les milliardaires du monde entier ont-ils tellement envie de vivre dans cette cité en carton-pâte ? « Un pays ensoleillé dirigé par un prince magnifique », a dit un jour le prince de Monaco en parlant de lui-même en toute modestie*.

Perplexe, j'ai décidé de m'aventurer derrière ce luxueux paravent, dans le monde des ultra-riches, des possesseurs de yachts et de voitures de course, des collectionneurs d'art et des généreux donateurs aux œuvres de charité.

Auteur, spécialiste de la bande dessinée d'enquête, Thierry Chavant, qui n'avait jamais, auparavant, mis les pieds dans la principauté, s'est embarqué avec jubilation, à mes côtés, dans l'aventure.

Je me souviens de ses yeux écarquillés devant les voitures de course aux couleurs criardes et les bijoux m'as-tu-vu des clientes attablées à la terrasse du *Café de Paris*, sur la place du casino de Monte-Carlo. Il s'est plongé avec délectation dans cet univers rarement exploré en bande dessinée pour en restituer la brutalité avec force et finesse. Brutalité architecturale de ces gratte-ciel de luxe avec vue sur la grande bleue, mais aussi brutalité des rapports humains dans un monde de soie et de parfum, parallèle au nôtre, où l'argent sert d'unique boussole.

De ce micro-État, coincé entre Nice et la frontière italienne, on ne connaît en vérité pas grand-chose. La vie privée de la famille régnante, les Grimaldi, occupe la scène médiatique de génération en génération. On n'ignore rien de la romance entre feu le prince Rainier et l'actrice américaine Grace Kelly, des amours et des déboires de leurs filles Caroline et Stéphanie, et les magazines people continuent de nous offrir les portraits bien léchés des jumeaux de la princesse Charlène et d'Albert II, le prince régnant...

Aveuglés par les flashs des photographes, nous ne voyons pas ce qui se joue en arrière-plan. Or, la vraie vie de Monaco, son cœur battant, ne se situe pas dans les alcôves du palais princier, mais dans les bureaux des gestionnaires de fortune et des promoteurs immobiliers.

Je me suis intéressée à Monaco au moment où éclataient deux retentissantes affaires judiciaires : la première, un double assassinat commis sur le territoire français, traitée par la justice française ; et la seconde, une affaire

* *Monaco, un pays ensoleillé dirigé par un prince magnifique*, de Didier Laurens (Hachette, 2007).

de corruption mettant en cause
des personnages riches et influents,
aux mains de la justice monégasque.

Ces deux histoires dramatiques et captivantes
ont jeté une lumière crue sur la principauté.
Elles éclairent son fonctionnement
et ses ressorts secrets.

Le double assassinat commis en France a
été jugé par la cour d'assises d'Aix-en-Provence.
Plusieurs condamnés ont fait appel, mais
ce deuxième procès a été ajourné en raison
de l'épidémie de Covid-19.
En attendant que la cour d'appel se prononce,
ils sont donc toujours présumés innocents.

À la date de parution de cet album, l'affaire
de corruption est toujours en cours d'instruction.
Plusieurs personnages de premier plan
de la vie publique de Monaco sont inculpés
(« mis en examen », dit-on en France).
Cela signifie que des juges d'instruction
ont estimé avoir réuni suffisamment
d'indices graves et concordants autour
de leur participation à des infractions pénales
pour les mettre en cause judiciairement.
Mais tant qu'ils n'ont pas été jugés
par un tribunal, ils sont eux aussi présumés
innocents. Ils contestent d'ailleurs les faits
qui leur sont reprochés.

Monaco – Luxe, crime et corruption
s'appuie donc entièrement sur des faits réels,
sourcé à partir des enquêtes judiciaires,
pour offrir cette immersion rare dans le monde
des riches et des puissants.

Hélène Constanty

* SOURCE "NEW WORLD WEALTH", 2019.

* SOURCE "FORBES", AVRIL 2019.

VENDREDI
1ER AOÛT 2014.
VRRRRRRRR
SPORTING
MONTE-CARLO.

MADAME, S'IL VOUS PLAÎT...
... VOTRE CARTON D'INVITATION.
AH... EUH, VOICI.

MMMH... UNE ACCRÉDITATION... VEUILLEZ ME SUIVRE. LES JOURNALISTES, C'EST PAR ICI.
CLIC! CLIC! RITZZZ! CLIC! CLAC! KRTZZ! CLIC! CLAC!
BIEN TENTÉ.
HEIN ?
JE VOUS AI VUE ESSAYER D'ENTRER EN DOUCE, BIEN TENTÉ.
AH ! MAIS NON, JE CROYAIS QU'ON POUVAIT ENTRER EN TANT QUE JOURNALISTE.
HA HA HA ! Z'ÊTES NOUVELLE, ICI, VOUS !
CE SOIR, C'EST LE 66E GALA DE LA CROIX ROUGE MONÉGASQUE, L'UNE DES SOIRÉES MONDAINES LES PLUS PRESTIGIEUSES.
CLIC! CLIC! CLAC! CLIC! CLAC! CLIC! CLIC!
OUI, ON M'A AVERTIE POUR LE DRESS CODE, J'AI DÛ ACHETER UNE ROBE ET DES ESCARPINS.

ON NE PEUT VRAIMENT PAS ENTRER DANS LA SALLE ?
AH NON, NI MÊME BOUGER DE CETTE ESTRADE. L'ANGLE DE VUE EST IMPOSÉ.
MANQUERAIT PLUS QU'ON MONTRE LE MAUVAIS PROFIL D'UN DE CES PRES-TIGIEUX INVITÉS ! HA HA HA !
TIENS, L'ACTRICE ITALIENNE GINA LOLLOBRIGIDA !
CLIC! CLIC!
CLIC! CLIC! CLIC!
CLIC! CLIC!
POUR DÎNER ICI CE SOIR, IL FAUT DÉBOURSER 1 000 € ...
... BOISSON NON COMPRISE...
... ET PRÉVOIR UN GROS CHÈQUE POUR PARTICIPER À LA TOMBOLA AU PROFIT DE LA CROIX-ROUGE MONÉGASQUE...
FLASH! FLASH! FLASH! FLASH!
... C'EST LE PRINCE LOUIS II, LE GRAND-PÈRE DE L'ACTUEL PRINCE ALBERT II, QUI L'A FONDÉE EN 1948.
FLASH! FLASH! FLUSHH!
CRIC222
CLIC! CLIC! CKRIK222
OH ! FRANCOIS CLUZET ET SA FEMME NARJISS !

CE GENRE D'ÉVÉNEMENT, LA PRESSE SUR PAPIER GLACÉ EN EST FRIANDE. C'EST CE QUI FORGE L'IMAGE GLAMOUR DE LA PRINCIPAUTÉ DANS LE MONDE ENTIER. !
VOILÀ CHARLÈNE !!!
FLASH !
CLICZZZ !
CLIC !
CRIRC !
OH ! VITE ! POUSSEZ-VOUS !!!
VRRRRRRRR

QUE SAIT-ON VRAIMENT DE MONACO ?
QUI SONT CES MILLIARDAIRES QUI VIVENT AU RYTHME DES ÉVÉNEMENTS MONDAINS ?
QUI D'AUTRE QUE LA FAMILLE GRIMALDI HABITE DANS CET ÉTAT MINUSCULE ?
ET POURQUOI ?
AVEUGLÉS PAR LES FLASHS DES PHOTOGRAPHES, NOUS NE SAVONS PAS CE QUI SE JOUE EN ARRIÈRE-PLAN.
C'EST JUSTEMENT CE QUE J'AI EU ENVIE DE DÉCOUVRIR...

* LA FAMILLE PASTOR N'APPARAÎT PAS DANS LE CLASSEMENT "FORBES", QUI NE PREND PAS EN COMPTE LES BIENS IMMOBILIERS.

BLAM!
CLACLAK!
BLÛM!
HÉLÈNE PASTOR, 77 ANS, ET SON CHAUFFEUR MOHAMED DARWICH, 54 ANS, SONT GRIÈVEMENT BLESSÉS.

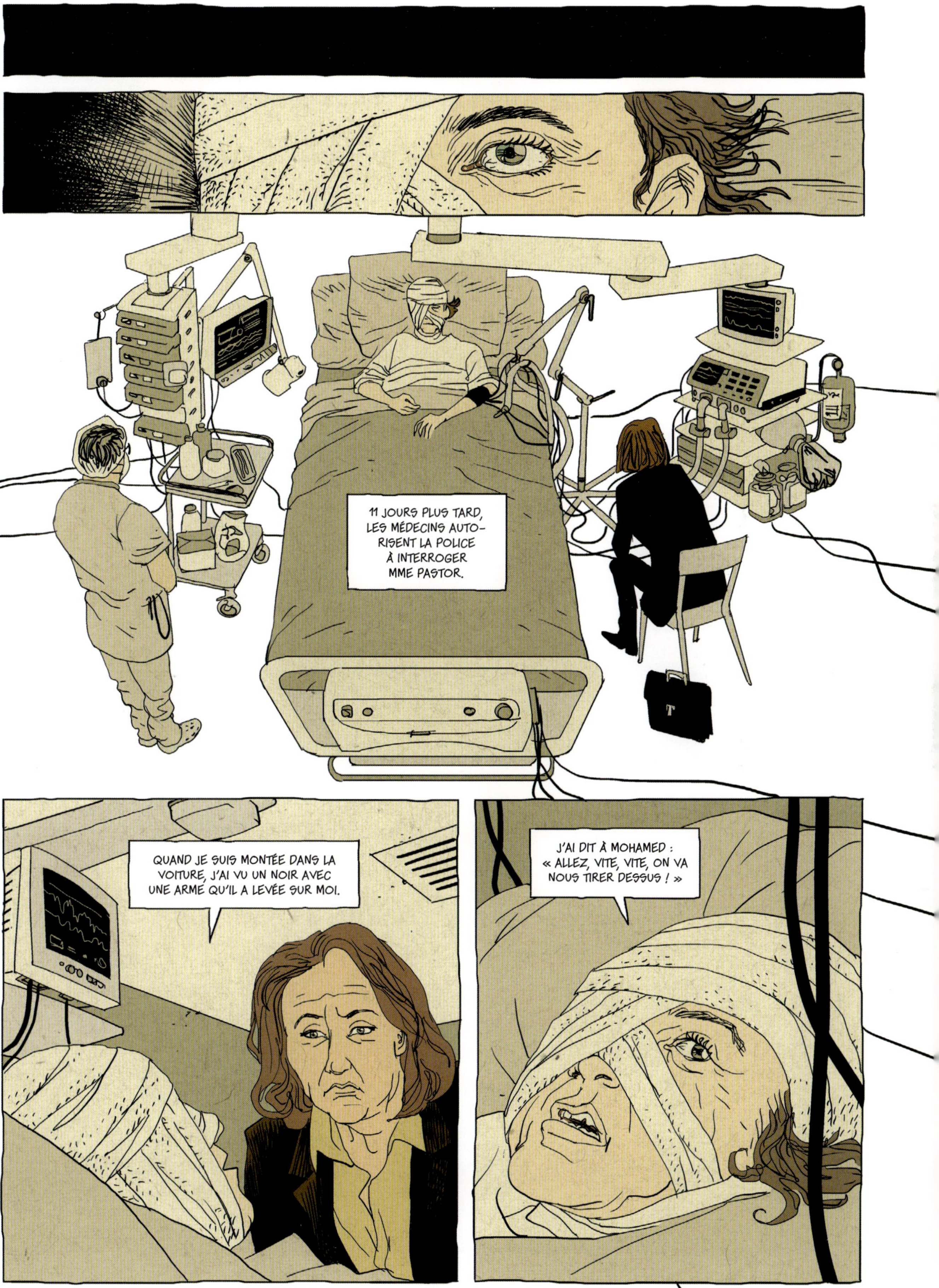
11 JOURS PLUS TARD, LES MÉDECINS AUTORISENT LA POLICE À INTERROGER MME PASTOR.
QUAND JE SUIS MONTÉE DANS LA VOITURE, J'AI VU UN NOIR AVEC UNE ARME QU'IL A LEVÉE SUR MOI.
J'AI DIT À MOHAMED : « ALLEZ, VITE, VITE, ON VA NOUS TIRER DESSUS ! »

IL A TIRÉ EN PREMIER SUR MOI.
J'AI EU TRÈS MAL AU COU, AU VISAGE ET À LA POITRINE.
IL A TIRÉ UNE 2E FOIS ET J'AI VU QUE MOHAMED SAIGNAIT DU VENTRE.
POURRIEZ-VOUS RECONNAÎTRE CET HOMME ?
TOUSSE ! TOUSSE !
DÉSOLÉ, COMMANDANT, VOUS DEVEZ SORTIR.

J'AI PEUR, JE VEUX VOUS REVOIR, J'AI D'AUTRES CHOSES À VOUS DIRE...
ELLE N'EN AURA PAS LE TEMPS.
HÉLÈNE PASTOR MOURRA LE 21 MAI, QUELQUES JOURS APRÈS MOHAMED DARWICH.

28 MAI 2014. CIMETIÈRE DE MONACO.
PRESSE INTERDITE, MESSIEURS, DAMES : NI CAMÉRAS NI PHOTOS.
MÊME PAS LA PRESSE ÉCRITE ?
PAS DE PRESSE, MADAME !
À TOUS LES COUPS, JE LOUPE DES SUPER PHOTOS DU PRINCE ALBERT !
AH ÇA, CERTAINEMENT... C'EST QUAND MÊME L'ENTERREMENT DE LA FEMME LA PLUS RICHE DE LA PRINCIPAUTÉ. SA FORTUNE EST ESTIMÉE À 12 MILLIARDS D'EUROS.
ET IMPOSSIBLE DE PASSER EN DOUCE AVEC TOUS CES FLICS...
C'EST SÛR, 530 POLICIERS POUR 38 300 HABITANTS, C'EST L'ÉTAT LE PLUS FLIQUÉ DU MONDE.
OUAIS, BEN MALGRÉ ÇA, ILS ONT RÉUSSI LEUR COUP !

ILS L'ONT ASSASSINÉE À NICE. À MONACO, CELA AURAIT ÉTÉ IMPOSSIBLE.
PASTOR
N'EMPÊCHE, CE MEURTRE A FAIT L'EFFET D'UN ÉLECTROCHOC ICI.
LA PRINCIPAUTÉ EST UN COCON ULTRA-SÉCURISÉ ET C'EST CE QUI ATTIRE AUTANT LES MILLIARDAIRES.
DES FLICS ET DES CAMÉRAS DE VIDÉOSURVEILLANCE À CHAQUE COIN DE RUE.
ON PEUT SE PROMENER LA NUIT EN MANTEAU DE FOURRURE ET RIVIÈRE DE DIAMANTS SANS RISQUE.
OUAIS, MAIS BON, C'EST PAS ÇA QUI VA ME PERMETTRE DE FAIRE MES PHOTOS PEOPLE. ALLEZ, CIAO, À PLUS TARD !

23 JUIN 2014. CASERNE AUVARE, POLICE JUDICIAIRE DE NICE.
... MAIS NON, NE T'INQUIÈTE PAS, FAIS-MOI CONFIANCE.
ENTRÉE PIÉTONS
POLICE NATIONALE
WOJCIECH JANOWSKI, LE GENDRE D'HÉLÈNE PASTOR, EST CONVOQUÉ À LA POLICE JUDICIAIRE DE NICE. UNE SIMPLE FORMALITÉ, PENSE-T-IL.
CROIS-MOI, IL N'Y A RIEN À CRAINDRE DE LA POLICE FRANÇAISE. JE TE RAPPELLE TOUT À L'HEURE.

3 JOURS DE GARDE À VUE PLUS TARD.
POLICE NATIONALE
LA POLICE
AVEZ-VOUS COMMANDITÉ CET ASSASSINAT, OUI OU NON ?!
C'EST OUI, MADAME...
... MAIS PAS EN CES TERMES. J'AI DEMANDÉ À PASCAL DAURIAC QU'IL M'AIDE À RÉSOUDRE LE PROBLÈME DE MA BELLE-MÈRE.
LE OU LES PROBLÈMES ?
« LE », AU SINGULIER.
CE N'ÉTAIT PAS FACILE D'UTILISER LE MOT « TUER » MAIS JE SUIS SÛR QU'IL L'A COMPRIS COMME ÇA.
VOUS POUVEZ RACCOMPAGNER M. JANOWSKI DANS SA CELLULE.

UN CRIME SORDIDE. UNE HISTOIRE DE FAMILLE, DE HAINE ET D'ARGENT OÙ SE MÉLANGENT, DANS UN BUT MORTIFÈRE, LA HAUTE SOCIÉTÉ MONÉGASQUE ET LES BAS-FONDS DE MARSEILLE.
EN VOICI LES PRINCIPAUX PROTAGONISTES : LE GENDRE. WOJCIECH JANOWSKI, 65 ANS. HOMME D'AFFAIRES POLONAIS. VIT DEPUIS 30 ANS À MONACO. CONSUL HONORAIRE DE POLOGNE. COMPAGNON DE SYLVIA PASTOR, LA FILLE AÎNÉE D'HÉLÈNE. MÈNE UNE VIE MONDAINE.
LA FILLE DE LA VICTIME. SYLVIA RATKOWSKI-PASTOR, 53 ANS. À MONACO, TOUT LE MONDE L'APPELLE « SISSI ». FRUIT D'UNE ÉPHÉMÈRE LIAISON DE JEUNESSE D'HÉLÈNE PASTOR AVEC UN POLONAIS. EN COUPLE DEPUIS 28 ANS AVEC WOJCIECH JANOWSKI. DISCRÈTE ET DÉPRESSIVE. MÈRE DE 2 ENFANTS : UNE FILLE ISSUE D'UN 1ER MARIAGE AVEC UN INDUSTRIEL ITALIEN, UNE AUTRE, DE SON UNION AVEC JANOWSKI.
LE COACH : PASCAL DAURIAC, 46 ANS. BEAU BRUN AUX YEUX VERTS. NÉ À MONTPELLIER ET DOMICILIÉ À ÈZE. ENTRAÎNEUR SPORTIF À DOMICILE CHEZ LES RICHES DE LA CÔTE D'AZUR. FAIT FAIRE DES ABDOS DEPUIS 12 ANS, 3 JOURS PAR SEMAINE, À SYLVIA RATKOWSKI-PASTOR ET WOJCIECH JANOWSKI.

LE TIREUR : SAMINE SAÏD AHMED, 24 ANS. NÉ AUX COMORES, IL VIT DANS LES QUARTIERS NORD DE MARSEILLE. CONDAMNÉ PLUSIEURS FOIS, DONT 1 AN DE PRISON FERME POUR TRAFIC DE DROGUE EN 2009, ET 3 ANS FERME POUR VIOLENCES AGGRAVÉES EN 2010. VIT DE PETITS TRAFICS DEPUIS SA SORTIE DE LA PRISON DES BAUMETTES.
LE GUETTEUR : ALHAÏR HAMADI, 31 ANS. NÉ À MARSEILLE DE PARENTS COMORIENS. CONDAMNÉ À 4 ANS DE PRISON FERME POUR VOL AVEC VIOLENCE À LA SUITE D'UN BRAQUAGE EN 2003 ET À 2 MOIS FERME POUR RECEL EN 2004.
LES INTERMÉDIAIRES, RECRUTEURS :
ABDELKADER BELKHATIR. FRÈRE DE SABRINA, LA COMPAGNE DE PASCAL DAURIAC.
SALIM YOUSSOUF. GENDARME ADJOINT VOLONTAIRE À LANÇON-PROVENCE, PRÈS DE MARSEILLE.
POUR COMPRENDRE POURQUOI LA FEMME LA PLUS RICHE DE MONACO A ÉTÉ ASSASSINÉE, IL FAUT SE PENCHER SUR LA FAMILLE PASTOR ET SA PROXIMITÉ AVEC LA DYNASTIE PRINCIÈRE. ET DONC, FORCÉMENT, SUR L'HISTOIRE DE LA PRINCIPAUTÉ.

MONACO EST COINCÉE ENTRE LA MONTAGNE ET LA MER, ENTRE NICE ET LA FRONTIÈRE ITALIENNE.
UN CONFETTI D'À-PEINE 2 KM².
LA DYNASTIE RÉGNANTE, LES GRIMALDI, S'INSTALLE SUR LE ROCHER EN 1297.
LE ROCHER EST ALORS UNE PLACE FORTE GÉNOISE.
EN 1297, FRANÇOIS GRIMALDI, DIT MALIZIA (LE RUSÉ EN ITALIEN), DÉGUISÉ EN MOINE, S'EN EMPARE PAR LA RUSE.
CET ACTE FONDATEUR EST L'UN DES ÉPISODES DE LA GUERRE QUE SE LIVRENT LES GUELFES ET LES GIBELINS, 2 FACTIONS RIVALES, POUR LE CONTRÔLE DE LA PÉNINSULE ITALIENNE.

EN 1489, LE ROI DE FRANCE CHARLES VIII RECONNAÎT L'INDÉPENDANCE DE MONACO.
LORS DE LA RÉVOLUTION FRANÇAISE, MONACO EST RATTACHÉE À LA FRANCE, MAIS LES GRIMALDI RÉCUPÈRENT LEUR FIEF À LA CHUTE DE NAPOLÉON EN 1815. LEUR TERRITOIRE EST ALORS BEAUCOUP PLUS ÉTENDU, CAR IL COMPREND MENTON, ROQUEBRUNE-CAP-MARTIN.
EN 1861, CES 2 VILLES DEMANDENT À ÊTRE RATTACHÉES À LA FRANCE. MONACO EST RÉDUITE À LA PORTION CONGRUE.
MAIS LES GRIMALDI, LARGEMENT INDEMNISÉS PAR NAPOLÉON III, VONT INVESTIR POUR TRANSFORMER LA PRINCIPAUTÉ EN DESTINATION À LA MODE POUR TOURISTES FORTUNÉS.
UNE MÉTAMORPHOSE.
EN 1860, MONACO NE COMPTAIT QUE 1 000 HABITANTS, MASSÉS DANS LES VIEILLES MAISONS DU ROCHER ET DU QUARTIER DU PORT.
AUJOURD'HUI, 38 300 PERSONNES Y VIVENT, EMPILÉES DANS DES IMMEUBLES SANS CHARME AUX LOYERS EXHORBITANTS.

CHAQUE JOUR, 30 000 FRONTALIERS VIENNENT Y TRAVAILLER...

... ET DES DIZAINES DE CARS DÉVERSENT LES TOURISTES.

EN 1956, GRÂCE À SON MARIAGE AVEC L'AMÉRICAINE GRACE KELLY, UNE STAR D'HOLLYWOOD, LE PRINCE RAINIER III INSUFFLE UNE NOTORIÉTÉ MONDIALE À LA PRINCIPAUTÉ. UN COUP DE COM' DE GÉNIE !
LA FORTUNE DE LA FAMILLE PASTOR DATE DE CETTE ÉPOQUE.
PENDANT QUE LE COUPLE PRINCIER POSE POUR LES PHOTOGRAPHES, GILDO PASTOR, LE PÈRE D'HÉLÈNE, CONSTRUIT EN DUR UN ALIGNEMENT D'IMMEUBLES DE 40 ÉTAGES EN BORD DE MER.

AVANT GILDO, IL Y A EU JEAN-BAPTISTE PASTOR : LE FONDATEUR DE LA DYNASTIE. UN TAILLEUR DE PIERRE ITALIEN IMMIGRÉ À MONACO.
EN 1936, LE PRINCE LOUIS II LUI CONFIE LA CONSTRUCTION DU 1ER STADE. NATURALISÉ MONÉGASQUE, IL S'ENRICHIT CONSIDÉRABLEMENT PENDANT LA SECONDE GUERRE MONDIALE.

GILDO PASTOR, FILS DE JEAN-BAPTISTE, REPREND L'ENTREPRISE J.B. PASTOR ET FILS CRÉÉE PAR SON PÈRE EN 1926 ET DEVIENT PROMOTEUR.
APRÈS LA GUERRE, GILDO RACHÈTE À VIL PRIX LES TERRAINS DE FRONT DE MER INHABITÉS DU LARVOTTO. EN 1966, C'EST LE JACKPOT : LE PRINCE RAINIER LUI DONNE SON ACCORD POUR CONSTRUIRE UN NOUVEAU QUARTIER D'IMMEUBLES RÉSIDENTIELS, AVEC VUE SUR LA MER, LE LONG DE LA NOUVELLE AVENUE PRINCESSE GRACE. GILDO DEVIENT MILLIONNAIRE. AU LIEU DE VENDRE LES APPARTEMENTS QU'IL A CONSTRUITS, IL EN CONSERVE LA PROPRIÉTÉ ET LES MET EN LOCATION.

À LA MORT DE GILDO, EN 1990, SES 3 ENFANTS SE PARTAGENT UN TIERS DE L'IMMOBILIER DE MONACO...
... SOIT PLUS DE 500 000 M². VALEUR : 20 MILLIARDS D'EUROS !
AUJOURD'HUI, VICTOR, MICHEL ET HÉLÈNE SONT TOUS DÉCÉDÉS. LEURS ENFANTS ONT HÉRITÉ DU PACTOLE. LES 3 BRANCHES SE FRÉQUENTENT LE MOINS POSSIBLE.
PASTOR
JEAN-VICTOR ET SON FRÈRE PATRICE (BRANCHE VICTOR) ONT REPRIS LE GROUPE PASTOR. JEAN-VICTOR GÈRE LES BIENS IMMOBILIERS, PATRICE DIRIGE LA BRANCHE BTP, QUI TRUSTE LA PLUPART DES GRANDS CHANTIER DE MONACO.
JEAN-BAPTISTE (BRANCHE MICHEL) GÈRE LE PATRIMOINE IMMOBILIER DE MICHEL PASTOR GROUPE.
DEPUIS L'ASSASSINAT DE SA MÈRE, SYLVIA PASTOR GÈRE SON PATRIMOINE IMMOBILIER. GILDO PALLANCA PASTOR, SON DEMI-FRÈRE, A ÉMIGRÉ AUX ÉTATS-UNIS.

REVENONS EN AVRIL 2014, QUELQUES SEMAINES AVANT L'ASSASSINAT D'HÉLÈNE PASTOR.
WOJCIECH ET SYLVIA HABITENT AU DERNIER ÉTAGE DU SCHUYLKILL, IMMEUBLE LUXUEUX CONSTRUIT EN 1970 PAR GILDO PASTOR...
... À L'ÉPOQUE OÙ LA PRINCESSE GRACE ATTIRAIT LES FEUX DES PROJECTEURS SUR LA PRINCIPAUTÉ. L'IMMEUBLE PORTE LE NOM D'UNE RIVIÈRE DE PHILADELPHIE (PENNSYLVANIE), LA VILLE NATALE DE LA PRINCESSE.
PASCAL DAURIAC, LE COACH, EST FASCINÉ PAR LA VIE DORÉE DE MONACO.
MERCI, PASCAL, TU ES UN BIENFAIT, VIENS T'ASSEOIR.
C'EST MOI QUI VOUS REMERCIE POUR TOUS LES CADEAUX QUE VOUS ME FAITES, WOJCIECH, LES VOYAGES, LA...
TSSST, TSSST, MON AMI : SI TOUS LES GENS ÉTAIENT AUSSI BONS, QUE TOI, AH LÀ LÀ...
PASCAL DAURIAC A L'IMPRESSION DE FAIRE PARTIE DE LA FAMILLE PASTOR. MAIS LA RÉALITÉ, C'EST QU'IL GAGNE 2 500 € PAR MOIS, VIT DANS UN MEUBLÉ DE 40 M² QU'IL LOUE 600 € ET ROULE DANS UNE TWINGO MISE À SA DISPOSITION PAR WOJCIECH JANOWSKI.
ENCORE VOTRE BELLE-MÈRE ?...

ELLE EST DURE, MÉFIANTE. ELLE VIENT ENCORE DE TÉLÉPHONER À SYLVIA, QUI A RACCROCHÉ EN PLEURS.
ON N'EN PEUT PLUS ...
HÉLÈNE PASTOR A TOUJOURS DÉTESTÉ SON GENDRE. EST-CE PARCE QU'IL LUI RAPPELAIT SA LIAISON RATÉE AVEC LE POLONAIS ALFRED RATKOWSKI, LE PÈRE DE SYLVIA, BARMAN DE L'ARMATEUR GREC ARISTOTE ONASSIS ?
DIS-MOI, TU AS PU ME TROUVER UNE ARME, COMME JE TE L'AI DEMANDÉ L'AUTRE JOUR ?
EUH, NON, J'AI CHERCHÉ MAIS C'EST PAS FACILE...
ALORS IL FAUT QU'ON TROUVE QUELQU'UN ! SYLVIA EST FATIGUÉE, J'AI PEUR QUE SON CANCER RÉCIDIVE... QU'EST-CE QUE JE VAIS DEVENIR SI ELLE DISPARAÎT ? NOUS NE SOMMES PAS MARIÉS. MA BELLE-FAMILLE ME DÉTESTE. ILS SONT CAPABLES DE ME JETER DEHORS SANS UN SOU !
JE COMPRENDS, JE VAIS TOUT FAIRE POUR VOUS AIDER, FAITES-MOI CONFIANCE.
AH, PASCAL, TU ES MON SEUL AMI !

MARSEILLE. 22 AVRIL 2014.
PASCAL DAURIAC PARLE DU PROJET À ABDELKADER BELKHATIR, LE FRÈRE DE SA COMPAGNE.
BELKHATIR CONNAÎT DU MONDE À MARSEILLE.
UN AMI, AL HAÏR HAMADI.
JE T'EXPLIQUE, LA PERSONNE À EFFACER EST UNE VIEILLE DE PLUS DE 70 ANS. SON FILS EST GRAVEMENT MALADE, IL EST À L'ARCHET À NICE. L'HOSTO, TU CONNAIS ?
NON, MAIS T'INQUIÈTE !
ELLE VA LE VOIR TOUS LES JOURS À LA MÊME HEURE, AVEC SON CHAUFFEUR.
IL FAUT DESCENDRE AUSSI LE CHAUFFEUR ET PIQUER LE SAC À MAIN DE LA VIEILLE. ÇA BROUILLERA LES PISTES. ON CROIRA À UN VOL QUI A MAL TOURNÉ.

TU PAIES COMBIEN ?
100 000 €. C'EST ABDELKADER QUI TE LES DONNERA.
ÇA MARCHE !
MAIS IL ME FAUT DE LA THUNE TOUT DE SUITE : 15 000 € POUR ACHETER UNE ARME ET UNE MOTO. ET IL FAUT QUE JE TROUVE QUELQU'UN POUR ALLER À NICE AVEC MOI.
DÉBUT MAI, TOUT S'ACCÉLÈRE.
ÇA Y EST ? VOUS ÊTES PRÊTS ? IL FAUT ABSOLUMENT TAPER DEMAIN À NICE. APRÈS, IL SERA TROP TARD. LE FILS DE LA VIEILLE VA SORTIR DE L'HÔPITAL.
ET À MONACO, CE SERA IMPOSSIBLE. IL Y A DES KEUFS PARTOUT ET DES CAMÉRAS À CHAQUE COIN DE RUE.
ÇA VA ALLER, MON FRÈRE, PROMIS. J'AI JUSTE UN PETIT PROBLÈME À RÉGLER.
CELUI QUI DEVAIT M'ACCOMPAGNER, TU SAIS, AVEC QUI J'AI FAIT LES REPÉRAGES À NICE LA SEMAINE DERNIÈRE, IL S'EST DÉGONFLÉ. IL NE VEUT PLUS Y ALLER. MAIS JE VAIS ME DÉBROUILLER, INCH ALLAH !
POINT
PAUSE

À 2 HEURES DU MATIN, DANS LA NUIT DU 5 AU 6 MAI...
... AL HAÏR HAMADI TROUVE ENFIN UN HOMME QUI ACCEPTE DE L'ACCOMPAGNER POUR COMMETTRE LE DOUBLE ASSASSINAT.
TU PEUX COMPTER SUR LUI. SAÏD, C'EST UN VAILLANT !
TU PAIES COMBIEN ?
30 000 €.

À DEMAIN ! MIDI, DEVANT LE MACDO DE LA CANEBIÈRE.
PHONE
C'EST JUSTE POUR COMMUNIQUER ENTRE NOUS AUJOURD'HUI. ON LES JETTERA AU RETOUR.
GARE DE MARSEILLE SAINT CHARL

NICE
HOTEL
SCOOT MARKET

C'EST COMBIEN ?
2 500 €.
OK, JE VOUS PAIE EN LIQUIDE.
J'AI BESOIN DE VOS PAPIERS.
SCOOT MARK
JE LES AI PAS SUR MOI.
ALORS, NON, JE REGRETTE, CE N'EST PAS POSSIBLE.
BON, TANT PIS POUR LE SCOOT, ON Y VA EN TAXI.
CHACUN DE SON CÔTÉ. ON SE RETROUVE DEVANT L'HÔPITAL L'ARCHET. À PARTIR DE MAINTENANT, TU SAIS CE QUE TU AS À FAIRE.
TAXI
TAXI

IL NE FAUDRA QUE QUELQUES JOURS À LA POLICE JUDICIAIRE NIÇOISE POUR IDENTIFIER LES 2 HOMMES ET RETRACER LEUR SANGLANT ITINÉRAIRE ENTRE MARSEILLE ET NICE. LES TUEURS AMATEURS ONT LAISSÉ BEAUCOUP DE TRACES.
OUI, JE LES RECONNAIS.
ILS N'ONT PAS PASSÉ LA NUIT À L'HÔTEL, LES CLÉS SONT RESTÉES À LA RÉCEPTION.
POLICE
TENEZ, D'AILLEURS, IL Y EN A UN QUI A OUBLIÉ SON GEL DOUCHE DANS LA CHAMBRE 206. LA FEMME DE CHAMBRE L'A RÉCUPÉRÉ.
MEN
OUI, C'EST LUI, IL VOULAIT PAYER EN LIQUIDE. C'ÉTAIT BIZARRE.
CE N'EST PAS TOUS LES JOURS QU'ON A UNE COURSE NICE-MARSEILLE. ILS ONT NÉGOCIÉ LE PRIX : 500 €.
PUIS ILS N'ONT PAS DIT UN MOT DURANT TOUT LE TRAJET, OCCUPÉS À CHANGER LES PUCES DE LEURS TÉLÉPHONES PORTABLES.

27 JUIN 2014. PALAIS DE JUSTICE DE MARSEILLE.
SIÈGE DE LA JURIDICTION INTERRÉGIONALE SPÉCIALISÉE (JIRS), DOTÉE DE MAGISTRATS SPÉCIALISÉS DANS LA GRANDE CRIMINALITÉ.
CHRISTIAN SAINTE, DIRECTEUR INTER-RÉGIONAL DE LA POLICE JUDICIAIRE.
BRICE ROBIN, PROCUREUR DE LA RÉPUBLIQUE.
PHILIPPE FRIZON, DIRECTEUR DE LA POLICE JUDICIAIRE DE NICE.
6 SEMAINES APRÈS LE DOUBLE ASSASSINAT, SES PRINCIPAUX PROTAGONISTES SONT SOUS LES VERROUS.
7 PERSONNES SONT MISES EN EXAMEN ET PLACÉES EN DÉTENTION PROVISOIRE DANS L'ATTENTE DU PROCÈS.
LE VÉRITABLE MOBILE DU COMMANDITAIRE, M. JANOWSKI, AURAIT ÉTÉ, SELON NOUS, DE METTRE LA MAIN SUR L'HÉRITAGE DE MME PASTOR.
LE PLUS FASCINANT DANS CETTE HISTOIRE, C'EST LE CHOC DES MONDES. ENTRE LES GRANDES FORTUNES DE MONACO ET LES PETITS VOYOUS DES CITÉS DE MARSEILLE QUE TOUT SÉPARE. SAUF L'ARGENT DU CRIME.

CHAQUE MOIS, HÉLÈNE PASTOR EFFECTUAIT UN VIREMENT D'1 MILLION D'EUROS À SES 2 ENFANTS.
500 000 € POUR GILDO, 500 000 € POUR SYLVIA.
L'ARGENT VERSÉ À SYLVIA ATTERRISSAIT SUR SON COMPTE COMMUN AVEC WOJCIECH. C'EST LUI QUI GÉRAIT L'ARGENT DU MÉNAGE.
LA SOMME PARAÎT EXTRAVAGANTE. MAIS À MONACO, UN DEMI-MILLION PAR MOIS, C'EST UNE « CHOUQUETTE ».
Banque
ENTRE FÉVRIER ET AVRIL 2014, JANOWSKI RETIRE 248 000 € EN LIQUIDE.

PASCAL DAURIAC TOUCHE 140 000 €.
IL RÉPARTIT LES BILLETS DANS DES ENVELOPPES : 100 000 € POUR LES 2 EXÉCUTANTS ET 11 250 € POUR SON BEAU-FRÈRE ABDELKADER BELKHATIR.
IL GARDE LA SOMME RESTANTE POUR LUI. LA POLICE LA TROUVERA CHEZ SA MÈRE.
SYLVIA PASTOR N'EST AU COURANT DE RIEN, NE SE DOUTE DE RIEN.
ELLE FAIT UNE CONFIANCE AVEUGLE À L'HOMME QUI PARTAGE SA VIE DEPUIS 28 ANS, AU PÈRE DE SA FILLE CADETTE...
... JUSQU'À CETTE ENTREVUE TRAGIQUE DANS LES LOCAUX DE LA PJ DE NICE, LE 26 MAI 2014.

VOTRE COMPAGNON SOUHAITE VOUS PARLER AVANT D'ÊTRE CONDUIT EN PRISON. ÊTES-VOUS D'ACCORD ?
OUI, BIEN SÛR.
C'EST MOI QUI AI FAIT CETTE HORREUR. MAIS C'ÉTAIT PAR AMOUR POUR TOI. POUR TE SAUVER DE CELLE QUI DÉTRUISAIT TA VIE.
COMMENT EST-CE QUE TU AS PU ? ET LES ENFANTS, TU AS PENSÉ À EUX ? JE NE TE PARDONNERAI JAMAIS !

3 ANS ET DEMI PLUS TARD. COUR D'ASSISES D'AIX-EN-PROVENCE, LE 17 SEPTEMBRE 2018.
SYLVIA EST LÀ...
... AINSI QUE SON FRÈRE GILDO. IL SE REMET DIFFICILEMENT DE SON AVC. IL EST VENU SPÉCIALEMENT DE NEW-YORK, OÙ IL VIT, POUR ASSISTER AUX 5 SEMAINES DU PROCÈS.
LE FRÈRE ET LA SŒUR N'ÉCHANGENT PAS UN MOT, PAS UN REGARD.
QU'EST-CE QUI A MINÉ LA FAMILLE LA PLUS RICHE DE MONACO AU POINT DE GÉNÉRER UN TEL DRAME EN SON SEIN ?
L'ARGENT PEUT-IL À CE POINT DÉTRUIRE LES RELATIONS HUMAINES ?
LE PROCÈS APPORTERA-T-IL DES RÉPONSES À CES QUESTIONS ?

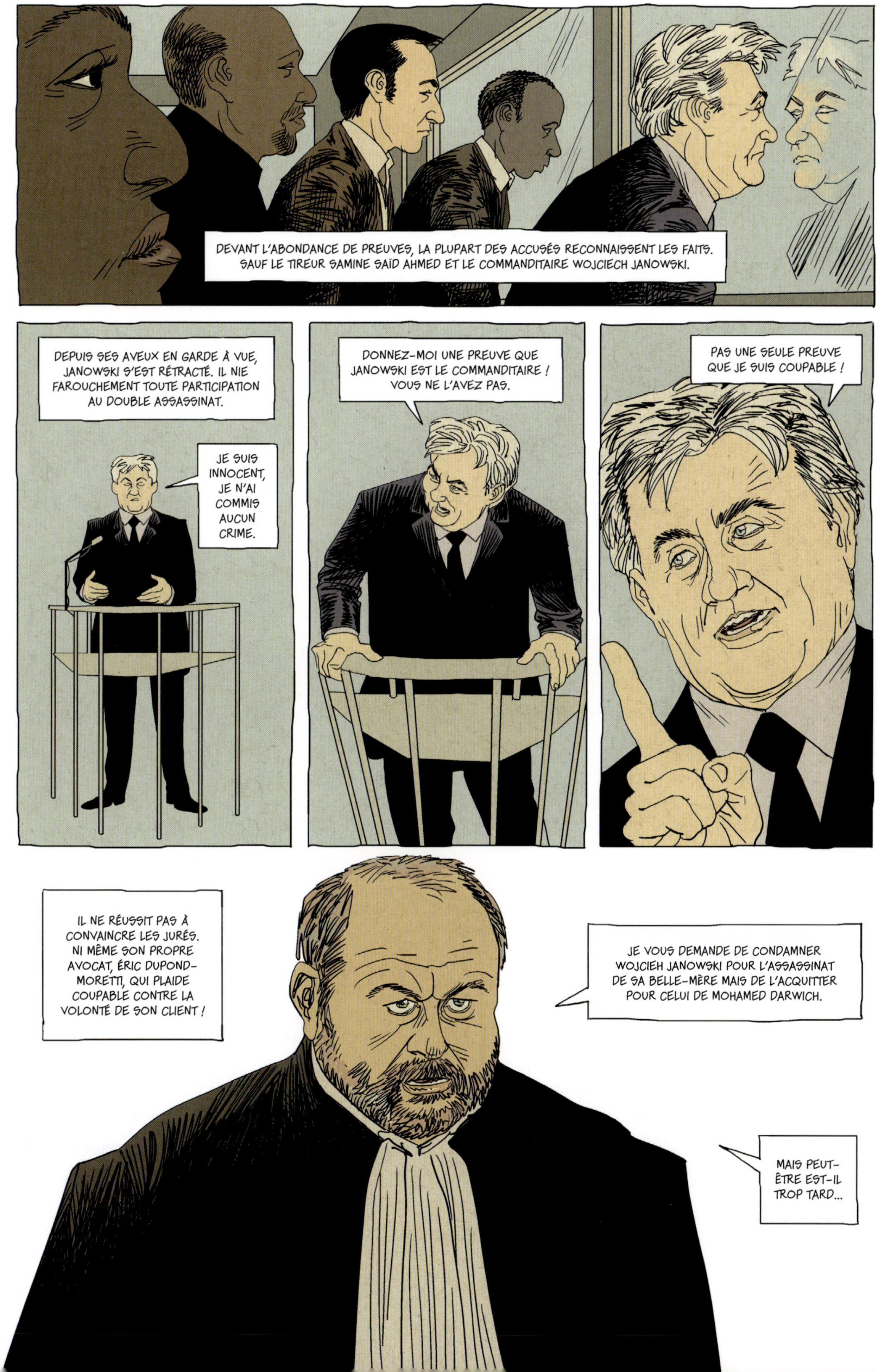

DEVANT L'ABONDANCE DE PREUVES, LA PLUPART DES ACCUSÉS RECONNAISSENT LES FAITS. SAUF LE TIREUR SAMINE SAÏD AHMED ET LE COMMANDITAIRE WOJCIECH JANOWSKI.
DEPUIS SES AVEUX EN GARDE À VUE, JANOWSKI S'EST RÉTRACTÉ. IL NIE FAROUCHEMENT TOUTE PARTICIPATION AU DOUBLE ASSASSINAT.
JE SUIS INNOCENT, JE N'AI COMMIS AUCUN CRIME.
DONNEZ-MOI UNE PREUVE QUE JANOWSKI EST LE COMMANDITAIRE ! VOUS NE L'AVEZ PAS.
PAS UNE SEULE PREUVE QUE JE SUIS COUPABLE !
IL NE RÉUSSIT PAS À CONVAINCRE LES JURÉS. NI MÊME SON PROPRE AVOCAT, ÉRIC DUPOND-MORETTI, QUI PLAIDE COUPABLE CONTRE LA VOLONTÉ DE SON CLIENT !
JE VOUS DEMANDE DE CONDAMNER WOJCIEH JANOWSKI POUR L'ASSASSINAT DE SA BELLE-MÈRE MAIS DE L'ACQUITTER POUR CELUI DE MOHAMED DARWICH.
MAIS PEUT-ÊTRE EST-IL TROP TARD...

* ILS ONT FAIT APPEL.

UN SEUL MEMBRE DE LA FAMILLE PASTOR A MANIFESTÉ SON SOUTIEN PAR SA PRÉSENCE AU PROCÈS, EN TANT QUE PARTIE CIVILE : L'ARTISTE PEINTRE PHILIPPE PASTOR, COUSIN DE SYLVIA.
LES AUTRES ? ACCAPARÉS, PLUS QUE JAMAIS, PAR LEURS AFFAIRES IMMOBILIÈRES.
SOURCE DE LA FORTUNE DE LA FAMILLE PASTOR, L'IMMOBILIER EST LA PRINCIPALE RICHESSE DE LA PRINCIPAUTÉ.

LES PRIX DE L'IMMOBILIER SONT HALLUCINANTS !
MONACO DÉTIENT LE RECORD DU M² LE PLUS CHER DU MONDE : 48 800 € EN MOYENNE. LES PLUS BEAUX APPARTEMENTS NEUFS DÉPASSENT MÊME 100 000 € LE M².
J'AI RENDEZ-VOUS AVEC UNE EXPERTE DE LA FIRME BRITANNIQUE SAVILLS, L'UN DES MEILLEURS SPÉCIALISTES MONDIAUX DE L'IMMOBILIER.
MONACO EST LA VILLE LA PLUS CHÈRE DU MONDE, JE VOUS LE CONFIRME.
ELLE EST TALONNÉE PAR HONG KONG. TOKYO EST 3E, LOIN DERRIÈRE, SUIVIE PAR NEW YORK. LES PRIX ONT ENCORE AUGMENTÉ DE 18 % EN 2018, ALORS QU'ILS AVAIENT TENDANCE À BAISSER AILLEURS.
IL Y A DES GENS PRÊTS À PAYER DES PRIX PAREILS ?

OUI, ÉNORMÉMENT. LES ACHETEURS VIENNENT DU ROYAUME-UNI, DU MOYEN-ORIENT, DE TURQUIE, DE GRÈCE...
IL Y A DE PLUS EN PLUS DE GENS QUI CHERCHENT DE GRANDS APPARTEMENTS FAMILIAUX À PLUS DE 5 MILLIONS D'EUROS.
ET CELA VA CONTINUER ?
LOGIQUEMENT, OUI. LA DEMANDE RESTE LARGEMENT SUPÉRIEURE À L'OFFRE. EN 2018, LE PRIX MOYEN DES TRANSACTIONS IMMOBILIÈRES A ÉTÉ DE 5,2 MILLIONS D'EUROS.
5,2 MILLIONS ! À CE PRIX, LE RICHE PEUT S'OFFRIR...
... 100 M² À MONACO...
... 181 M² À TOKYO...
... 208 M² À NEW YORK...
... 293 M² À LONDRES...
... 358 M² À PARIS...
... 536 M² À MIAMI.
LES APPARTEMENTS À LOUER SONT TOUT AUSSI RARES ET HORS DE PRIX.
BONJOUR MADAME, NOUS POUVONS COMMENCER LA VISITE.

4 900 € PAR MOIS POUR UN 2 PIÈCES DE 42 M².
8 000 € POUR UN 3 PIÈCES DE 130 M².
ET JUSQU'À 75 000 € POUR CE DUPLEX DE 1 300 M² AU HOUSTON PALACE, QUARTIER DU LARVOTTO, PROPRIÉTÉ DE L'UN DES NEVEUX D'HÉLÈNE PASTOR.
IL DATE DE QUAND, CET IMMEUBLE ?
1984. C'EST L'UN DES IMMEUBLES LES PLUS CHICS DE MONACO.
LA TERRASSE EST PRIVATIVE, ELLE FAIT 900 M². AVEC SA PISCINE ET SON JACUZZI.
7 CHAMBRES, AVEC CHACUNE SA SALLE DE BAINS.
LE LOYER ?
900 000 € PAR AN, PLUS 30 000 € DE CHARGES ET 20 000 € POUR LES 4 PARKINGS EN SOUS-SOL.

MAIS POURQUOI DES GENS AUSSI RICHES LOUENT-ILS DES APPARTEMENTS DANS CES GRANDS IMMEUBLES SANS CHARME ?
SANS CHARME ? AH, NON ! LA VIE À MONACO EST TRÈS AGRÉABLE. L'AÉROPORT INTERNATIONAL DE NICE EST À UNE DEMI-HEURE, ET VOUS POUVEZ, SI L'ENVIE VOUS EN PREND, ALLER DÎNER EN ITALIE.
ET LA SÉCURITÉ ! SANS ÉQUIVALENT DANS LE MONDE. ON NE S'ENNUIE JAMAIS ICI, ENTRE LES SOIRÉES MONDAINES ET LES ÉVÉNEMENTS SPORTIFS : LE GRAND PRIX DE FORMULE 1, LES MASTERS DE TENNIS...
D'ACCORD, MAIS EST-CE VRAIMENT LA SEULE RAISON ?
LE BUT DE VOS CLIENTS NE SERAIT-IL PAS D'OBTENIR LE STATUT DE RÉSIDENT ?

C'EST VRAI QUE POUR DEVENIR RÉSIDENT MONÉGASQUE, IL FAUT OBLIGATOIREMENT Y ÊTRE PROPRIÉTAIRE OU LOCATAIRE.
ET LORSQU'ON DEVIENT RÉSIDENT, C'EST LE PARADIS ! « PARADIS » AU SENS FISCAL, S'ENTEND...
À MONACO, L'IMPÔT SUR LE REVENU N'EXISTE PAS.
IL N'Y A NI IMPÔT SUR LES SUCCESSIONS EN LIGNE DIRECTE : PARENTS, ENFANTS, ÉPOUX...
... NI IMPÔT SUR LA FORTUNE...
... NI IMPÔT SUR LES PLUS-VALUES...
... NI TAXE FONCIÈRE...
... NI TAXE D'HABITATION.
LE SEUL IMPÔT PERÇU PAR L'ÉTAT EST LA TVA.
SEULE UNE POIGNÉE DE PAYS AU MONDE (BAHAMAS, ÉMIRATS ARABES UNIS, ÎLES VIERGES BRITANNIQUES) NE PERÇOIT PAS D'IMPÔT SUR LE REVENU.
MAIS CE SONT DE PETITES ÎLES EXOTIQUES QUI N'EXISTENT QUE PAR LEUR STATUT DE PARADIS FISCAL OU DES ÉTATS DU GOLFE PERSIQUE GORGÉS DE PÉTROLE.
MONACO EST LE SEUL ÉTAT DU CONTINENT EUROPÉEN À OFFRIR UN TEL PRIVILÈGE FISCAL À SES RÉSIDENTS.

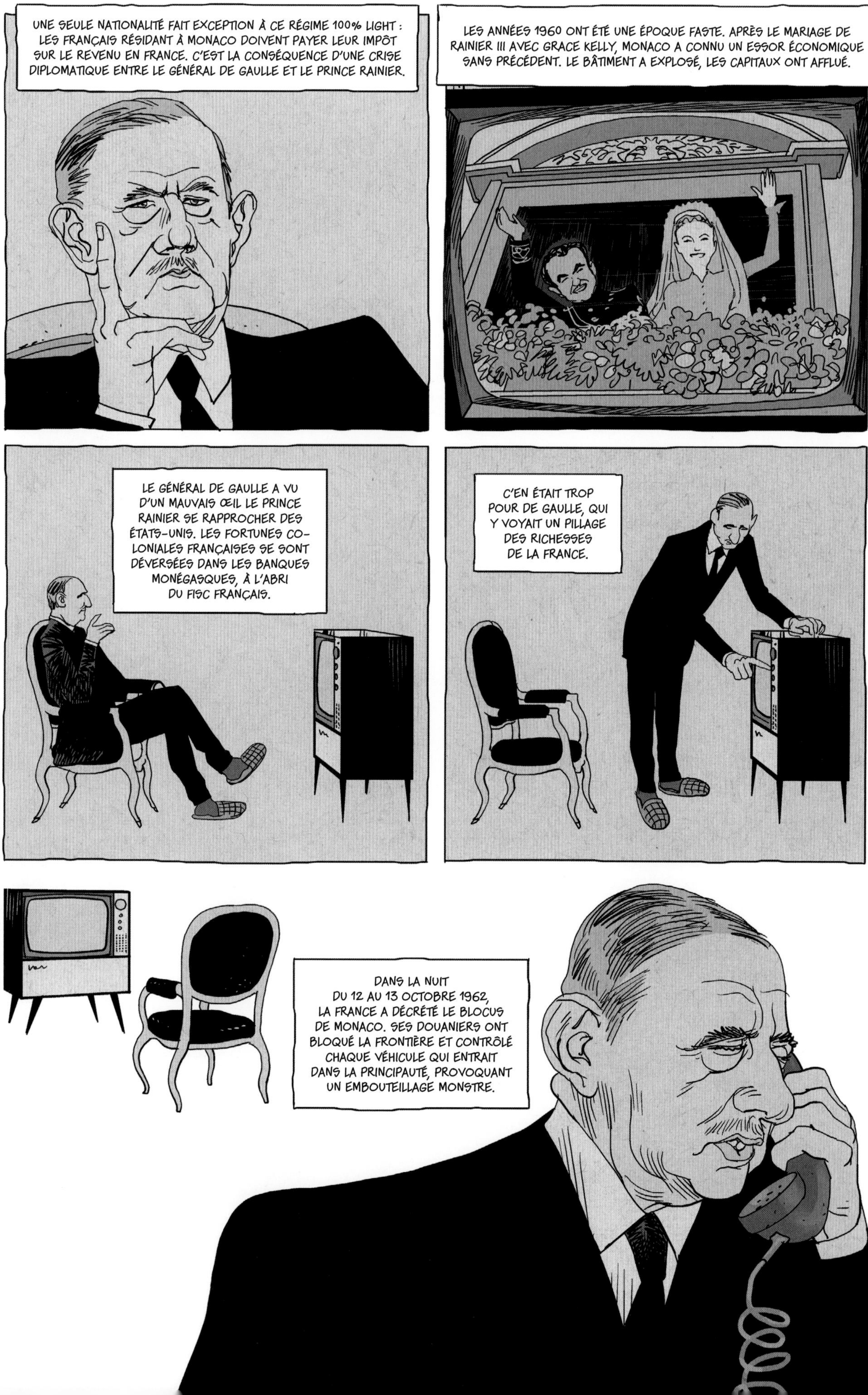
UNE SEULE NATIONALITÉ FAIT EXCEPTION À CE RÉGIME 100% LIGHT : LES FRANÇAIS RÉSIDANT À MONACO DOIVENT PAYER LEUR IMPÔT SUR LE REVENU EN FRANCE. C'EST LA CONSÉQUENCE D'UNE CRISE DIPLOMATIQUE ENTRE LE GÉNÉRAL DE GAULLE ET LE PRINCE RAINIER.
LES ANNÉES 1960 ONT ÉTÉ UNE ÉPOQUE FASTE. APRÈS LE MARIAGE DE RAINIER III AVEC GRACE KELLY, MONACO A CONNU UN ESSOR ÉCONOMIQUE SANS PRÉCÉDENT. LE BÂTIMENT A EXPLOSÉ, LES CAPITAUX ONT AFFLUÉ.
LE GÉNÉRAL DE GAULLE A VU D'UN MAUVAIS ŒIL LE PRINCE RAINIER SE RAPPROCHER DES ÉTATS-UNIS. LES FORTUNES COLONIALES FRANÇAISES SE SONT DÉVERSÉES DANS LES BANQUES MONÉGASQUES, À L'ABRI DU FISC FRANÇAIS.
C'EN ÉTAIT TROP POUR DE GAULLE, QUI Y VOYAIT UN PILLAGE DES RICHESSES DE LA FRANCE.
DANS LA NUIT DU 12 AU 13 OCTOBRE 1962, LA FRANCE A DÉCRÉTÉ LE BLOCUS DE MONACO. SES DOUANIERS ONT BLOQUÉ LA FRONTIÈRE ET CONTRÔLÉ CHAQUE VÉHICULE QUI ENTRAIT DANS LA PRINCIPAUTÉ, PROVOQUANT UN EMBOUTEILLAGE MONSTRE.

PANIQUE À MONACO. LE PRINCE RAINIER A ENGAGÉ DES NÉGOCIATIONS AVEC LA FRANCE.
DÉSORMAIS, LES FRANÇAIS RÉSIDANT À MONACO SERAIENT SOUMIS À L'IMPÔT SUR LE REVENU EN FRANCE.
LE 18 MAI 1963, DE NOUVELLES CONVENTIONS FISCALES ONT ÉTÉ SIGNÉES.
CRAK!
UN IMPÔT SUR LES BÉNÉFICES A ÉTÉ INSTAURÉ POUR LES ENTREPRISES RÉALISANT PLUS DE 25 % DE LEUR CHIFFRE D'AFFAIRES HORS DE LA PRINCIPAUTÉ.
S'ILS TIENNENT VRAIMENT À ÉCHAPPER AU FISC, LES FRANÇAIS N'ONT QU'UNE SEULE SOLUTION : OBTENIR LA NATIONALITÉ MONÉGASQUE. MAIS CE STATUT N'EST ACCORDÉ QU'À UNE POIGNÉE DE PRIVILÉGIÉS CHAQUE ANNÉE SUR ORDONNANCE SOUVERAINE DU PRINCE ALBERT II.
UNE IMMENSE FAVEUR DONT LES MOTIVATIONS CONSTITUENT LE SECRET LE MIEUX GARDÉ DE LA PRINCIPAUTÉ.
PASSEPORT

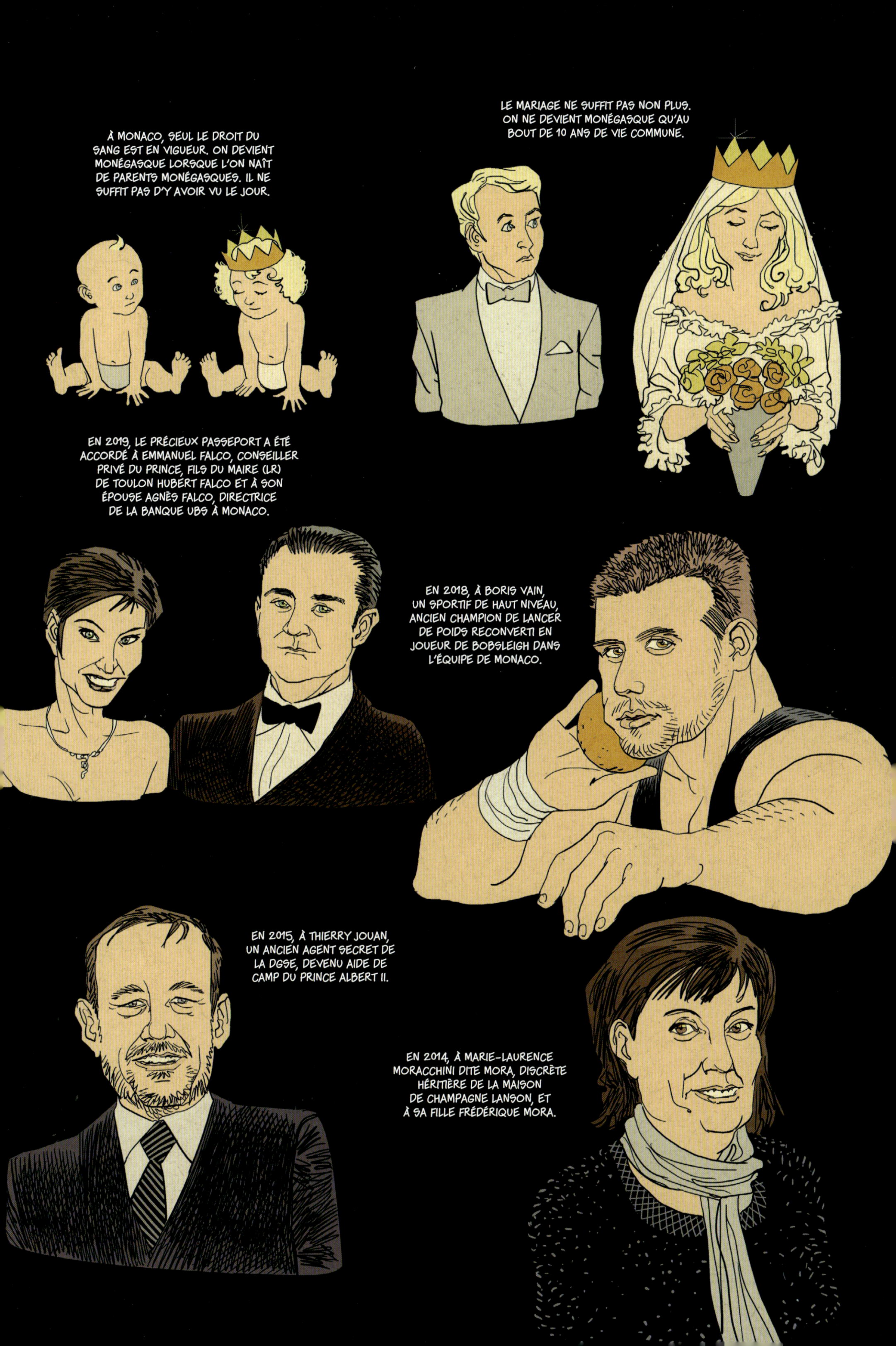
À MONACO, SEUL LE DROIT DU SANG EST EN VIGUEUR. ON DEVIENT MONÉGASQUE LORSQUE L'ON NAÎT DE PARENTS MONÉGASQUES. IL NE SUFFIT PAS D'Y AVOIR VU LE JOUR.
LE MARIAGE NE SUFFIT PAS NON PLUS. ON NE DEVIENT MONÉGASQUE QU'AU BOUT DE 10 ANS DE VIE COMMUNE.
EN 2019, LE PRÉCIEUX PASSEPORT A ÉTÉ ACCORDÉ À EMMANUEL FALCO, CONSEILLER PRIVÉ DU PRINCE, FILS DU MAIRE (LR) DE TOULON HUBERT FALCO ET À SON ÉPOUSE AGNÈS FALCO, DIRECTRICE DE LA BANQUE UBS À MONACO.
EN 2018, À BORIS VAIN, UN SPORTIF DE HAUT NIVEAU, ANCIEN CHAMPION DE LANCER DE POIDS RECONVERTI EN JOUEUR DE BOBSLEIGH DANS L'ÉQUIPE DE MONACO.
EN 2015, À THIERRY JOUAN, UN ANCIEN AGENT SECRET DE LA DGSE, DEVENU AIDE DE CAMP DU PRINCE ALBERT II.
EN 2014, À MARIE-LAURENCE MORACCHINI DITE MORA, DISCRÈTE HÉRITIÈRE DE LA MAISON DE CHAMPAGNE LANSON, ET À SA FILLE FRÉDÉRIQUE MORA.

CERTAINS L'OBTIENNENT SANS QUE L'ON COMPRENNE POURQUOI. D'AUTRES EN RÊVENT TOUTE LEUR VIE SANS JAMAIS L'OBTENIR.

L'ARRIVÉE LA PLUS REMARQUÉE DE CES DERNIÈRES ANNÉES...
... A ÉTÉ CELLE DE L'OLIGARQUE RUSSE DMITRI RYBOLOVLEV.
POUR LE MEILLEUR ET POUR LE PIRE...

EN 2011, IL A ACHETÉ POUR 100 MILLIONS D'EUROS L'APPARTEMENT LE PLUS CHER DE LA PRINCIPAUTÉ : UN PENTHOUSE DE 1 000 M² AU DERNIER ÉTAGE DE L'IMMEUBLE BELLE ÉPOQUE, AVEC UNE VUE IMPRENABLE SUR LE PORT DE MONACO.
DEPUIS LA RUE, EN APPARENCE, C'EST UN IMMEUBLE DE BUREAUX OCCUPÉ PAR HSBC PRIVATE BANK, SPÉCIALISÉE DANS LA GESTION DE FORTUNE.
RYBOLOVLEV N'A PAS ÉTÉ REBUTÉ PAR LE DRAME QUI S'EST PRODUIT DANS CE PENTHOUSE, EN 1999.
SON PROPRIÉTAIRE, LE BANQUIER LIBANAIS MILLIARDAIRE EDMOND SAFRA, A PÉRI ASPHYXIÉ DANS SA SALLE DE BAINS, LORS D'UN INCENDIE CRIMINEL PROVOQUÉ PAR SON AIDE-SOIGNANT.

DEPUIS, L'APPARTEMENT DE 20 PIÈCES A ÉTÉ ENTIÈREMENT RÉNOVÉ DANS UNE DÉBAUCHE DE LUXE, ET PROTÉGÉ COMME UN BUNKER PAR UN RÉSEAU DE CAMÉRAS DE SURVEILLANCE ET DES PORTES BLINDÉES.
DMITRI RYBOLOVLEV EST UN OLIGARQUE.
EN RUSSIE, CE TERME DÉSIGNE LES HOMMES D'AFFAIRES QUI SE SONT SPECTACULAIREMENT ENRICHIS APRÈS LA CHUTE DU RÉGIME COMMUNISTE, EN METTANT LA MAIN SUR LES ENTREPRISES PUBLIQUES DU PAYS, GRÂCE À LEURS LIENS AVEC LE POUVOIR POLITIQUE.
DMITRI RYBOLOVLEV FAIT PARTIE DE CETTE CASTE.
NÉ À PERM, DANS L'OURAL, EN 1966, IL A FAIT FORTUNE DANS L'EXPLOITATION DES MATIÈRES PREMIÈRES DE SA RÉGION.

POURSUIVI PAR LA JUSTICE À LA SUITE DE L'ASSASSINAT DE SON ASSOCIÉ EN 1995, IL A PASSÉ UN AN DANS UNE PRISON RUSSE AVANT D'ÊTRE MIS HORS DE CAUSE.
MALGRÉ CE 1ER ACCROC, IL A EFFECTUÉ UN PARCOURS FULGURANT DANS LES AFFAIRES EN PRENANT LE CONTRÔLE DU CAPITAL D'URALKALI, UN GÉANT MONDIAL DE LA POTASSE (UTILISÉ COMME ENGRAIS).
EN 2005, IL PESAIT 1 MILLIARD DE DOLLARS.
EN 2020, 6,6 MILLIARDS. CE QUI FAIT DE LUI LA 19E FORTUNE DE RUSSIE, SELON LE CLASSEMENT "FORBES".
SON TRAIN DE VIE EST À L'AVENANT.
UN LOFT À MANHATTAN AVEC 10 CHAMBRES ET UNE TERRASSE PANORAMIQUE, ACHETÉ 88 MILLIONS DE DOLLARS EN 2011 POUR SA FILLE AÎNÉE KATIA, ÉTUDIANTE DE 22 ANS.
EN 2013, L'ÎLE DE SKORPIOS EN GRÈCE, ACHETÉE 100 MILLIONS DE DOLLARS TOUJOURS POUR KATIA. CETTE ÎLE A APPARTENU À L'ARMATEUR ARISTOTE ONASSIS. C'EST LÀ QUE LE MILLIARDAIRE GREC AVAIT CÉLÉBRÉ SON MARIAGE AVEC JACKIE KENNEDY.

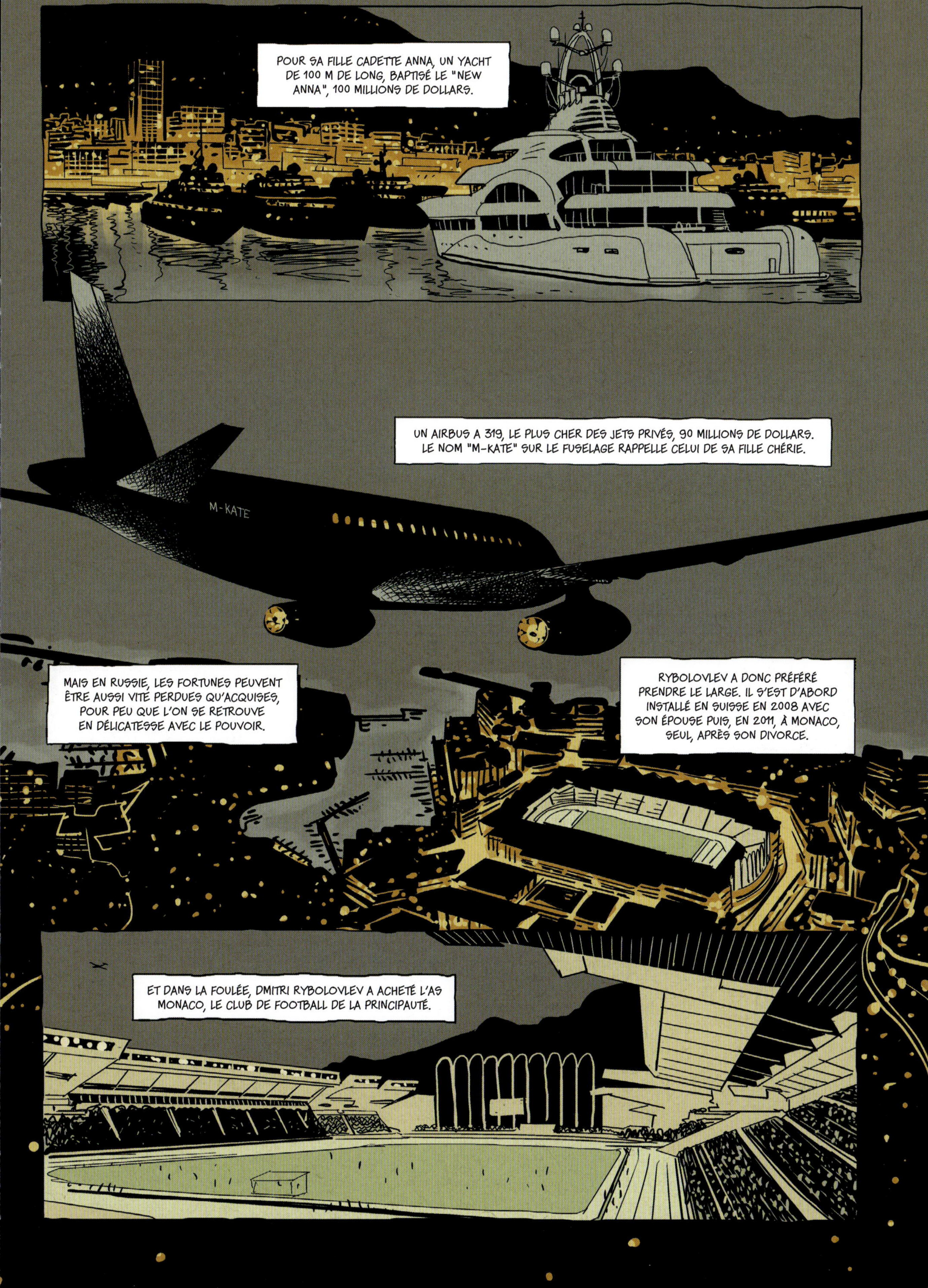
POUR SA FILLE CADETTE ANNA, UN YACHT DE 100 M DE LONG, BAPTISÉ LE "NEW ANNA", 100 MILLIONS DE DOLLARS.
UN AIRBUS A 319, LE PLUS CHER DES JETS PRIVÉS, 90 MILLIONS DE DOLLARS. LE NOM "M-KATE" SUR LE FUSELAGE RAPPELLE CELUI DE SA FILLE CHÉRIE.
M-KATE
MAIS EN RUSSIE, LES FORTUNES PEUVENT ÊTRE AUSSI VITE PERDUES QU'ACQUISES, POUR PEU QUE L'ON SE RETROUVE EN DÉLICATESSE AVEC LE POUVOIR.
RYBOLOVLEV A DONC PRÉFÉRÉ PRENDRE LE LARGE. IL S'EST D'ABORD INSTALLÉ EN SUISSE EN 2008 AVEC SON ÉPOUSE PUIS, EN 2011, À MONACO, SEUL, APRÈS SON DIVORCE.
ET DANS LA FOULÉE, DMITRI RYBOLOVLEV A ACHETÉ L'AS MONACO, LE CLUB DE FOOTBALL DE LA PRINCIPAUTÉ.

STADE LOUIS II, LE 17 MAI 2017. MONACO REÇOIT SAINT-ÉTIENNE.
OH, ÇA ALORS ! ENCORE VOUS ?!
VOUS N'ÊTES PAS EN BAS AVEC LES AUTRES PHOTOGRAPHES ?
AH NON, JE SUIS LÀ JUSTE POUR L'AMOUR DU SPORT ! COMME VOUS ?
EUH, EN FAIT, JE M'INTÉRESSE À RYBOLOVLEV ET À SON RACHAT DE L'AS MONACO.
OUI, LE SAUVEUR DU CLUB !
QUAND IL EST ARRIVÉ, MONACO NE FAISAIT PLUS PARTIE DE L'ÉLITE DU FOOT FRANÇAIS...
AH ÇA, OUAIS, ILS ÉTAIENT RELÉGUÉS EN LIGUE 2 ET PLUS UNE THUNE !
EN DÉCEMBRE 2011, SA SOCIÉTÉ MONACO SPORT INVEST A ACHETÉ 66% DES ACTIONS DU CLUB. IL A INVESTI 325 MILLIONS D'EUROS EN 2 ANS ET DEMI.
QUAND ON EST PASSIONNÉ, ON NE COMPTE PAS !
PASSIONNÉ, PEUT-ÊTRE, MAIS PAS DÉSINTÉRESSÉ NON PLUS. C'EST QUAND MÊME UN REDOUTABLE HOMME D'AFFAIRES ET...
MAIS REGARDEZ-LE, LUI, LÀ-BAS ! RATER UNE OCCASION PAREILLE !

* LE RECORD A ÉTÉ BATTU, UN AN PLUS TARD, AVEC KILIAN MBAPPÉ : ACHETÉ 3 MILLIONS D'EUROS EN 2016, REVENDU 145 MILLIONS AU PSG EN 2018.

LE PRINCE ALBERT II EST AUX ANGES...
... MAIS MALGRÉ LES APPARENCES ET LES FORTUNES DÉPENSÉES, LE MILLIARDAIRE RUSSE NE PARVIENT PAS À OBTENIR LE SAINT GRAAL : LA NATIONALITÉ MONÉGASQUE.
IL DOIT SE CONTENTER DE SES 2 PASSEPORTS : RUSSE ET CHYPRIOTE.

L'IDYLLE PREND BRUTALEMENT FIN LE 7 NOVEMBRE 2018.
POLICE
M. DMITRI RYBOLOVLEV, NOUS AVONS UN MANDAT DU JUGE ÉDOUARD LEVRAULT POUR PERQUISITIONNER VOTRE DOMICILE.

POLICE
SÛRETÉ PUBLIQUE
RYBOLOVLEV PASSE 2 JOURS EN GARDE À VUE.

MONSIEUR RYBOLOVLEV, NOUS ALLONS COMMENCER PAR VOUS POSER QUELQUES QUESTIONS DE ROUTINE SUR VOTRE PERSONNALITÉ ET VOTRE TRAIN DE VIE... QUEL EST LE MONTANT DE VOS REVENUS ANNUELS ?
POLICE
JE NE PEUX PAS VOUS LE DIRE. SEULS MES COMPTABLES SONT AU COURANT.
À COMBIEN ESTIMEZ-VOUS LA VALEUR DE VOTRE PATRIMOINE ?
IL M'EST IMPOSSIBLE DE L'ESTIMER.
VOTRE NUMÉRO DE TÉLÉPHONE, S'IL VOUS PLAÎT ?
JE NE M'EN SOUVIENS PAS.
LE MILLIARDAIRE NE RÉPONDRA À AUCUNE QUESTION, SE CONTENTANT DE RÉPÉTER...
JE FAIS VALOIR MON DROIT AU SILENCE.

À L'ISSUE DE SA GARDE À VUE, DMITRI RYBOLOVLEV A ÉTÉ PRÉSENTÉ AU JUGE D'INSTRUCTION QUI L'A MIS EN EXAMEN (« INCULPÉ », DIT-ON À MONACO) POUR CORRUPTION ET TRAFIC D'INFLUENCE.
PLACÉ SOUS CONTRÔLE JUDICIAIRE, IL LUI EST INTERDIT DE RENCONTRER LES AUTRES PERSONNES IMPLIQUÉES.
NOTAMMENT SON AVOCATE RUSSE TETIANA BERSHEDA, PROCHE CONSEILLÈRE ET ADMINISTRATRICE DE L'AS MONACO, MISE EN EXAMEN POUR LES MÊMES MOTIFS.
DANS LA FOULÉE, 2 ANCIENS MINISTRES ET 3 HAUTS RESPONSABLES DE LA POLICE DE LA PRINCIPAUTÉ ONT ÉTÉ, EUX AUSSI, MIS EN EXAMEN. TOUS SONT SOUPÇONNÉS D'AVOIR AIDÉ RYBOLOVLEV À INFLUER SUR LE COURS D'UNE AFFAIRE JUDICIAIRE LE CONCERNANT.
PHILIPPE NARMINO, EX-DIRECTEUR DES SERVICES JUDICIAIRES : CORRUPTION ET TRAFIC D'INFLUENCE.
CHRISTINE NARMINO, SON ÉPOUSE : RECEL DE CORRUPTION ET DE TRAFIC D'INFLUENCE.

RÉGIS ASSO, COMMISSAIRE DIVISIONNAIRE, EX-DIRECTEUR DE LA SÛRETÉ PUBLIQUE, TRAFIC D'INFLUENCE.
CHRISTOPHE HAGET, COMMISSAIRE DE POLICE, TRAFIC D'INFLUENCE.
FRÉDÉRIC FUSARI, COMMANDANT DE POLICE, TRAFIC D'INFLUENCE.
PAUL MASSERON, EX-CONSEILLER À L'INTÉRIEUR DE LA PRINCIPAUTÉ, TRAFIC D'INFLUENCE.
L'AFFAIRE A FAIT L'EFFET D'UN SÉISME DANS LA PRINCIPAUTÉ. JAMAIS ALBERT II N'AVAIT CONNU UN TEL SCANDALE DEPUIS LE DÉBUT DE SON RÈGNE, EN 2005.
LE PRINCE A ÉTÉ CONTRAINT DE RÉAGIR.
LE 12 NOVEMBRE 2018, IL A ACCEPTÉ DE RECEVOIR UN JOURNALISTE DE "MEDIAPART", ANTTON ROUGET, À PARIS.
"MEDIAPART" S'APPRÊTAIT À PUBLIER UNE SÉRIE D'ENQUÊTES FRACASSANTES SUR LES SCANDALES FINANCIERS DANS LE MONDE DU FOOTBALL.
LES "FOOTBALL LEAKS", EN PARTENARIAT AVEC PLUSIEURS MÉDIAS EUROPÉENS MEMBRES DE L'EUROPEAN INVESTIGATIVE COLLABORATION (EIC). MONACO OCCUPAIT UNE PLACE DE CHOIX DANS LA SÉRIE.
ALBERT II A DONC TENTÉ UNE « OPÉRATION DÉMINAGE » AVANT LA PARUTION.
HUM HUM, EXCUSEZ-MOI, JE DOIS DIRE « VOTRE MAJESTÉ » OU « VOTRE ALTESSE » ?
M. ANTTON ROUGET, DE "MEDIAPART" !

* EXTRAITS DE L'ENTRETIEN PUBLIÉ LE 16 NOVEMBRE 2018.

DERRIÈRE LE MONACOGATE, IL Y A UNE HISTOIRE DE FEMME ET DE TABLEAUX DE MAÎTRES...
LA FEMME, C'EST ELENA RYBOLOVLEV, ÉPOUSE DE DMITRI ET MÈRE DE LEURS 2 FILLES.
FIN 2008, EN SUISSE SUR LES BORDS DU LAC LÉMAN OÙ ELLE A ÉTÉ EXFILTRÉE LORSQUE DMITRI A COMMENCÉ À AVOIR DES ENNUIS EN RUSSIE...
... ELENA RENCONTRE L'AVOCAT MARC BONNANT. LASSÉE DES INFIDÉLITÉS DE SON ÉPOUX, ELLE DEMANDE LE DIVORCE.
CHÈRE MME RYBOLOVLEV, VOUS AVEZ DROIT À LA MOITIÉ DE LA FORTUNE QUE VOTRE MARI A ACCUMULÉE PENDANT VOS 20 ANNÉES DE VIE COMMUNE.
D'APRÈS NOS CALCULS, VOUS POUVEZ PRÉTENDRE À PLUS DE 4 MILLIARDS D'EUROS. ÊTES-VOUS PRÊTE POUR UN LONG COMBAT JUDICIAIRE ?
ALLONS-Y ! MAIS JE SUIS INQUIÈTE POUR MA SÉCURITÉ. SI D'AVENTURE IL M'ARRIVAIT QUELQUE CHOSE, LES SOUPÇONS DEVRONT SE PORTER SUR MON MARI.

* AGATHE DUPARC, « DIVORCE À LA RUSSE », SOURCE « LE MONDE », LE 7 AVRIL 2012.

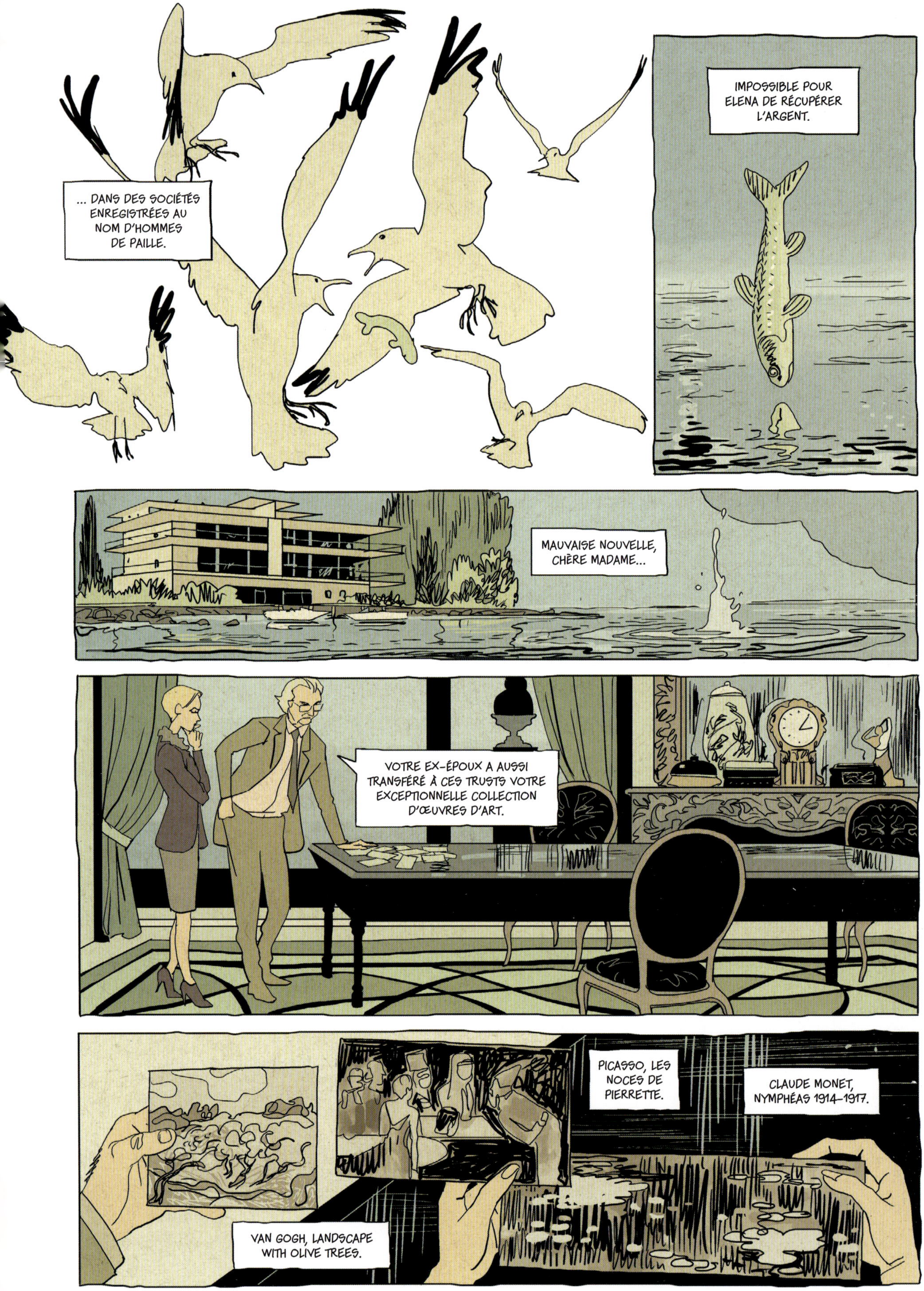
... DANS DES SOCIÉTÉS ENREGISTRÉES AU NOM D'HOMMES DE PAILLE.
IMPOSSIBLE POUR ELENA DE RÉCUPÉRER L'ARGENT.
MAUVAISE NOUVELLE, CHÈRE MADAME...
VOTRE EX-ÉPOUX A AUSSI TRANSFÉRÉ À CES TRUSTS VOTRE EXCEPTIONNELLE COLLECTION D'ŒUVRES D'ART.
VAN GOGH, LANDSCAPE WITH OLIVE TREES.
PICASSO, LES NOCES DE PIERRETTE.
CLAUDE MONET, NYMPHÉAS 1914–1917.

MODIGLIANI.
GAUGUIN.
LE GRECO.
KLIMT.
MAGRITTE.
PICASSO.
RODIN.
ROTHKO.
TOULOUSE-LAUTREC.
LA COLLECTION COMPTE 38 TOILES DES PLUS GRANDS MAÎTRES.
LE CLOU DE SA COLLECTION, C'EST LE SALVATOR MUNDI (LE SAUVEUR DU MONDE) DE LÉONARD DE VINCI.
AU TOTAL, IL Y EN A POUR 2 MILLIARDS.
TOUTES CES ŒUVRES, IL LES A ACHETÉES AU MARCHAND D'ART SUISSE YVES BOUVIER...
DMITRI RYBOLOVLEV ET YVES BOUVIER SE SONT RENCONTRÉS À GENÈVE EN 2002, DANS LE PORT FRANC DU MARCHAND D'ART.

PORTS FRANCS
CET IMMENSE COFFRE-FORT, SITUÉ DANS UNE ZONE INDUSTRIELLE, ABRITE DES MILLIERS D'ŒUVRES D'ART, À L'ABRI DES VOLEURS, DES CURIEUX ET SURTOUT DU FISC.

DMITRI RYBOLOVLEV S'Y EST RENDU, POUR LA PREMIÈRE FOIS, EN COMPAGNIE D'UNE AMIE DE SON ÉPOUSE : TANIA RAPPO, UNE SUISSESSE RUSSOPHONE ET RÉSIDENTE MONÉGASQUE.
DANS UN PORT FRANC, LES MARCHANDISES SONT ENTREPOSÉES SANS AUCUNE TAXE : NI TVA NI DROIT DE DOUANE... PUISQU'ELLES SONT CENSÉES N'Y ÊTRE QU'EN TRANSIT.
« TANIA RAPPO », RETENEZ BIEN CE NOM.

MAIS EN RÉALITÉ, ON PEUT LES Y LAISSER AUSSI LONGTEMPS QUE L'ON VEUT.
AUTRE AVANTAGE : LES VENTES PEUVENT S'EFFECTUER ICI, EN TOUTE DISCRÉTION. TANT QUE L'ŒUVRE NE QUITTE PAS LES LIEUX, VOUS NE PAYEZ AUCUNE TAXE SUR LA TRANSACTION...

CE CONCEPT DE PORT FRANC EST GÉNIAL !
MES TOILES SERONT EN LIEU SÛR.
PERSONNE NE POURRA LES SAISIR ET JE POURRAI LES TRANSPORTER OÙ JE VEUX, QUAND JE VEUX.
CE SUISSE EST L'HOMME QU'IL NOUS FAUT !
TANIA RAPPO S'EST ALORS MISE AU SERVICE DU MARCHAND D'ART, QUI LUI A VERSÉ DE GÉNÉREUSES COMMISSIONS SUR LES ACHATS RÉALISÉS PAR LE RUSSE.
UNE SORTE D'AGENT DOUBLE...
MAIS L'ALLIANCE ENTRE L'OLIGARQUE ET LE MARCHAND D'ART EST SOUDAINEMENT ROMPUE LE 26 FÉVRIER 2015.
TANIA ? JE SUIS BIEN ARRIVÉ.

IL VA M'ENTENDRE !
IL ME DOIT ENCORE 55 MILLIONS DE DOLLARS SUR LE ROTHKO N.6, LE PLUS BEAU ROTHKO DU MONDE.
C'EST INACCEPTABLE ! OUI, À TOUT À L'HEURE, JE TE TIENS AU COURANT QUAND JE SORS...
M. BOUVIER ?
VOUS ÊTES EN ÉTAT D'ARRESTATION !
POLICE
POLI
TANIA RAPPO EST ARRÊTÉE LE MÊME JOUR DANS SON APPARTEMENT MONÉGASQUE.

POLICE
M. RYBOLOVLEV A PORTÉ PLAINTE CONTRE VOUS POUR ESCROQUERIE.
IL VOUS ACCUSE D'AVOIR SURFACTURÉ LE PRIX DES TOILES QUE VOUS LUI AVEZ VENDUES.
LE SALVATOR MUNDI DE LÉONARD DE VINCI : VOUS LE LUI AVEZ VENDU 127,5 MILLIONS DE DOLLARS ALORS QUE VOUS L'AVIEZ ACHETÉ ENTRE 75 ET 80 MILLIONS ?
ET LE NU COUCHÉ AU COUSSIN BLEU DE MODIGLIANI...
... ACHETÉ 93,5 MILLIONS ET REVENDU 118 MILLIONS ?
M. RYBOLOVLEV CHIFFRE SON PRÉJUDICE À 1 MILLIARD !

* LA PROCÉDURE VISANT YVES BOUVIER ET TANIA RAPPO A ÉTÉ DÉFINITIVEMENT ANNULÉE LE 8 JUILLET PAR LA COUR DE RÉVISION DE MONACO, POUR AVOIR ÉTÉ MENÉE DE MANIÈRE « PARTIALE ET DÉLOYA

2 JOURS PLUS TÔT, POURTANT, TOUT SEMBLAIT ALLER POUR LE MIEUX.
DMITRI RYBOLOVLEV AVAIT INVITÉ TANIA RAPPO À DÎNER À SON DOMICILE, EN COMPAGNIE DE TETIANA BERSHEDA.
TETIANA BERSHEDA, SUISSESSE D'ORIGINE UKRAINIENNE, EST SA PLUS PROCHE CONSEILLÈRE.
ELLE S'AFFICHE À SES CÔTÉS AU STADE LOUIS-II, AU BAL DE LA ROSE, AU FESTIVAL DE CANNES...
ELLE EST SURNOMMÉE « LA TSARINE ».
ENREGISTREMENT
01:32
REC
UNE TSARINE AUX MÉTHODES D'ESPIONNE VENUE DU FROID.

À LA SUITE DE CE DÎNER, ENREGISTRÉ EN SECRET, ELLE A REMIS À LA POLICE UNE TRANSCRIPTION ÉCRITE DES CONVERSATIONS.
POUR LE CLAN RYBOLOVLEV, CET ENREGISTREMENT APPORTAIT LA PREUVE DES MANŒUVRES DU CLAN BOUVIER.
LE CLAN BOUVIER, LUI, A L'IMPRESSION DÉSAGRÉABLE D'ÊTRE TOMBÉ DANS UN TRAQUENARD.
EN JUILLET 2015, TANIA RAPPO PORTE PLAINTE POUR VIOLATION DE LA VIE PRIVÉE.
SA CONTRE-ATTAQUE VA PROVOQUER UN INCROYABLE ENCHAÎNEMENT DE RÉVÉLATIONS ET ABOUTIR AU PLUS GRAND SCANDALE POLITIQUE DE L'HISTOIRE DE LA PRINCIPAUTÉ.

JANVIER 2019. J'AI RENDEZ-VOUS AU PALAIS DE JUSTICE DE MONACO AVEC MAÎTRE FRANK MICHEL, L'AVOCAT D'YVES BOUVIER.
MAÎTRE MICHEL ?

AH, LA JOURNALISTE QUI VEUT CONNAÎTRE LE SYSTÈME JUDICIAIRE DE MONACO.
C'EST UNE MINIATURE, CE PALAIS DE JUSTICE ?
OUI, UNE CURIOSITÉ QUE TOUS LES TOURISTES PRENNENT EN PHOTO, AVEC SA FAÇADE EN TUF MARIN. IL EST MINUSCULE, COMME LA PRINCIPAUTÉ.
DANS CHAQUE SALLE D'AUDIENCE, UN GRAND CRUCIFIX !
À MONACO, LA JUSTICE SEMBLE TRÈS DIFFÉRENTE DE CELLE DE LA FRANCE ?
LES MAGISTRATS SONT POUR MOITIÉ MONÉGASQUES ET POUR MOITIÉ FRANÇAIS, DÉTACHÉS EN PRINCIPAUTÉ À UN MOMENT DE LEUR CARRIÈRE.
SONT-ILS INDÉPENDANTS DU POUVOIR ?
OUI, LES JUGES LE SONT, COMME EN FRANCE.
LA PRINCIPALE DIFFÉRENCE, C'EST QUE LA JUSTICE EST RENDUE AU NOM DU PRINCE. C'EST LUI QUI DÉTIENT LE POUVOIR JUDICIAIRE ET LE DÉLÈGUE AUX TRIBUNAUX.

L'INSTRUCTION CONDUITE PAR LE JUGE ÉDOUARD LEVRAULT, À LA SUITE DE LA PLAINTE DE TANIA RAPPO, EST UN BON TEST DE L'INDÉPENDANCE DE LA JUSTICE MONÉGASQUE.
JUSQU'À PRÉSENT, IL A TENU BON ET RÉSISTÉ AUX PRESSIONS. MAIS L'AFFAIRE EST TOUJOURS EN COURS... NOUS VERRONS.
BONNE JOURNÉE !
LE JUGE LEVRAULT NE S'EST PAS CONTENTÉ DE LA TRANSCRIPTION DE L'ENREGISTREMENT REMIS PAR TETIANA BERSHEDA. IL S'EST FAIT REMETTRE SON TÉLÉPHONE ET L'A FAIT EXPERTISER.
POLICE
BINGO ! IL A DÉCOUVERT DES MILLIERS DE SMS QUE BERSHEDA AVAIT POURTANT EFFACÉS. DONT CERTAINS TRÈS COMPROMETTANTS.
LE SCANDALE EST RÉVÉLÉ PAR "MEDIAPART", LE 21 AOÛT 2017 ET REPRIS PAR TOUTE LA PRESSE.

L'ARRESTATION D'YVES BOUVIER ET DE TANIA RAPPO PREND TOUT À COUP UNE AUTRE SIGNIFICATION : CELLE D'UN VÉRITABLE PIÈGE...
... TENDU PAR RYBOLOVLEV AVEC LA COMPLICITÉ DE BERSHEDA ET L'AIMABLE CONCOURS DES PLUS HAUTES AUTORITÉS MONÉGASQUES.
LE 23 FÉVRIER 2015, 2 JOURS AVANT L'ARRESTATION DE BOUVIER, BERSHEDA ENVOIE UN SMS AU COMMISSAIRE CHRISTOPHE HAGET, CHEF DE LA POLICE JUDICIAIRE DE LA PRINCIPAUTÉ.
Christophe H
Il viendra le 25 mati
C' est sûr. Il faudrait rester avec le plan A. Rappelez-moi quand vous pourrez.
Christophe H
C' est sûr. Il faudrait rester avec le plan A. Rappelez-moi quand vous pourrez.
Très bien, je vous rappellerai du service.

LE 24 FÉVRIER, RYBOLOVLEV VIENT AUX NOUVELLES, PAR L'INTERMÉDIAIRE DE SA FIDÈLE BERSHEDA, QUI ENVOIE UN SMS AU COMMANDANT FRÉDÉRIC FUSARI, L'ADJOINT DE CHRISTOPHE HAGET.
BZZzz
Tetiana Bersheda
Il voudrait aussi vous parler en conf call si on ne se voit pas ce soir··· Est-ce possible ? Par exemple, vers 17h15-17h30 ?
Frédéric Fusari
si on ne se voit pas ce soir··· Est-ce possible ? Par exemple, vers 17h15-17h30 ?
Vers 17h30.
LE 26 FÉVRIER, 2E JOUR DE GARDE À VUE DE BOUVIER ET RAPPO. HAGET ENVOIE UN SMS À BERSHEDA.
POLICE
Christophe Haget
Nous avons travaillé pour s'assurer de la prolongation des GAV* On se voit vers 10h pour évoquer tous les points du dossier.
T.Bersheda
merci infiniment pour tout !
LE 2 MARS, BERSHEDA RECONTACTE LES 2 POLICIERS.

* GARDES À VUE.

* DMITRI RYBOLOVLEV. | ** MONACO.

* À MONACO, LE DIRECTEUR DES SERVICES JUDICIAIRES DISPOSE D'UN POUVOIR COMPARABLE À CELUI D'UN MINISTRE.

LE 22 FÉVRIER, CHRISTINE NARMINO ENVOIE UN SMS À BERSHEDA.
WOUP!
Tetiana
MESSAGE
Merci encore, chère Tetiana, pour cet agréable we en ta compagnie. Remercie chaleureusement Dmitri de notre part pour son hospitalité sans faille et renouvelle-lui nos amitiés et nos félicitations pour la beauté de sa résidence gstaadoise. Bonne soirée et à bientôt. Philippe et Christine.
DZZZ
Tetiana
MESSAGE
Merci beaucoup à vous ! C'était un grand plaisir de passer ce week-end avec vous et skier ensemble ! Je ne manquerai pas de transmettre votre message à Dmitri qui était ravi de vous recevoir chez lui...
PHILIPPE NARMINO A DÉMISSIONNÉ EN SEPTEMBRE 2017. IL EST MIS EN EXAMEN POUR TRAFIC D'INFLUENCE, CORRUPTION ET VIOLATION DU SECRET DE L'INSTRUCTION.

UN AUTRE MEMBRE DU GOUVERNEMENT A BÉNÉFICIÉ DES LARGESSES DE DMITRI RYBOLOVLEV : PAUL MASSERON, LE MINISTRE DE L'INTÉRIEUR.
EN 2011, IL A REÇU EN CADEAU DES BOUTEILLES DE GRANDS CRUS. EN REMERCIEMENT DE LA CARTE DE RÉSIDENT ATTRIBUÉE AVEC CÉLÉRITÉ À RYBOLOVLEV ?
ET EN 2015, LORSQU'IL A PRIS SA RETRAITE, IL A IMMÉDIATEMENT ÉTÉ EMBAUCHÉ COMME CONSEILLER PAR L'AS MONACO, À 4166 € BRUT MENSUELS.
SON RECRUTEMENT A SUSCITÉ DES INTERROGATIONS, AU SEIN MÊME DU CLAN RYBOLOVLEV. EN AVRIL 2015, DAVID WIGNO, LE CONSEILLER EN RELATIONS PUBLIQUES DE L'AS MONACO, A ALERTÉ TETIANA BERSHEDA PAR E-MAIL.
TETIANA, ON N'EN A PAS PARLÉ MAIS L'HISTOIRE DE MASSERON EST EXTRÊMEMENT MAUVAISE POUR DR.
C'EST UNE MAUVAISE OPÉRATION. LA PRESSE RISQUE DE DIRE QU'AU MOMENT DE L'AFFAIRE B (BOUVIER), MONSIEUR R (RYBOLOVLEV) A RECRUTÉ UN ANCIEN PRÉFET.
JE LES CONNAIS EN FRANCE. ILS VONT FORCÉMENT EN FAIRE DES TONNES.
LE MINISTRE DE L'INTÉRIEUR EST MIS EN EXAMEN POUR TRAFIC D'INFLUENCE ET VIOLATION DU SECRET DE L'INSTRUCTION.

DEPUIS SA MISE EN EXAMEN, DMITRI RYBOLOVLEV FAIT PROFIL BAS.
ON NE LE VOIT PLUS À MONACO.
BLUMP !
CE QUI OCCUPE LES CONVERSATIONS, DEPUIS LE DÉBUT DE 2019, C'EST L'EXTENSION EN MER.
À UN KILOMÈTRE À VOL D'OISEAU DU PALAIS PRINCIER, UN CHANTIER MARITIME TITANESQUE EST EN COURS. BAPTISÉ L'ANSE DU PORTIER, C'EST LE PLUS GRAND CHANTIER D'EUROPE.
LE PLUS CHER : 2 MILLIARDS D'EUROS...
... ET AUSSI LE PLUS FOU.
D'ICI À 2025, DATE PRÉVUE POUR L'ACHÈVEMENT DES TRAVAUX, LA PRINCIPAUTÉ AURA GAGNÉ 6 HA SUR LA MER !

JUILLET 2019. JE RENCONTRE UNE PERSONNE BIEN AU COURANT DE L'AVANCÉE DU CHANTIER, QUI TIENT À RESTER ANONYME.
... ET COMME JE VOUS LE DISAIS, LA PRINCIPAUTÉ EST À L'ÉTROIT DANS SON TERRITOIRE DE 2 KM².
IL N'Y A PLUS AUCUN TERRAIN À BÂTIR À TERRE. LA SEULE POSSIBILITÉ, C'EST DONC DE GAGNER SUR LA MER.
CE N'EST PAS UNE PREMIÈRE. MONACO A DÉJÀ GAGNÉ 40 HA SUR LA MER, DEPUIS LA DERNIÈRE GUERRE. CES EXTENSIONS REPRÉSENTENT 20 % DE SON TERRITOIRE.
MAIS CONCRÈTEMENT, COMMENT FAIT-ON ?
UNE EXTENSION EN MER, PAR NATURE, C'EST ARTIFICIEL. TOUT LE TRAVAIL DES ARCHITECTES EST D'EN FAIRE QUELQUE CHOSE QUI AIT L'AIR NATUREL.
C'EST BOUYGUES QUI EST EN CHARGE DES TRAVAUX. REGARDEZ ! LA CEINTURE DE CAISSONS EN BÉTON EST EN PLACE.

L'INTÉRIEUR VA MAINTENANT ÊTRE COMBLÉ PAR DU SABLE.
ÇA VA ÊTRE MAGNIFIQUE !
MAIS VOUS DÉTRUISEZ FORCÉMENT LES FONDS MARINS ?
NOOON, PAS DU TOUT ! LE PRINCE A TENU À CE QUE TOUT SOIT FAIT POUR LIMITER L'IMPACT SUR LE MILIEU NATUREL. DES GRANDES NACRES ET DES HERBIERS DE POSIDONIES ONT ÉTÉ DÉPLACÉS, AFIN DE LES PROTÉGER.
ET DES FILETS PLACÉS AUTOUR DU CHANTIER ÉVITENT QUE LA BOUE SE DÉPOSE AUX ALENTOURS.
POURQUOI VOULOIR À TOUT PRIX ÉTENDRE LE TERRITOIRE ?
IL Y A UNE COMPÉTITION MONDIALE, DONT VOUS N'AVEZ PAS IDÉE, POUR ATTIRER LA TRÈS GROSSE CLIENTÈLE.
VOUS VOULEZ DIRE LES PLUS GRANDES FORTUNES ?
LES PLUS EXIGEANTS, EN TOUT CAS, QUI CHERCHENT DES LOGEMENTS VRAIMENT SPACIEUX. ICI, IL Y AURA QUATORZE VILLAS DE 1 000 M² CHACUNE, AVEC JARDIN, CE QUI N'EXISTE PAS ENCORE À MONACO.
ET UNE CENTAINE D'APPARTEMENTS DE GRAND LUXE, DANS 5 IMMEUBLES AUTOUR D'UN PETIT PORT DE PLAISANCE.

À CE PROPOS : À QUEL PRIX SERONT VENDUES LES VILLAS ?
EH BIEN... EUH... C'EST...
... IL EST TROP TÔT POUR LE DIRE. RENDEZ-VOUS EN 2025 !
CE N'EST PAS LA SEULE QUESTION À LAQUELLE MA SOURCE ANONYME N'A PAS EU ENVIE DE RÉPONDRE. L'IDENTITÉ DES PROMOTEURS DE CE PROJET À CAPITAUX ENTIÈREMENT PRIVÉS A LONGTEMPS ÉTÉ LE SECRET LE MIEUX GARDÉ DE LA PRINCIPAUTÉ.
CLIC !
30 JUILLET 2015. RÉSIDENCE DU MINISTRE D'ÉTAT.
APRÈS UN APPEL À CANDIDATURES INTERNATIONAL, NOUS AVONS CHOISI LA SOCIÉTÉ ANONYME MONÉGASQUE L'ANSE DU PORTIER, ASSOCIÉE À BOUYGUES TRAVAUX PUBLICS, POUR RÉALISER LE PROJET D'EXTENSION EN MER.

CE GROUPEMENT FINANCERA LES TRAVAUX ET SE RÉMUNÉRERA SUR LA VENTE DES BIENS IMMOBILIERS. CELA NE COÛTERA PAS UN CENTIME À L'ÉTAT. AU CONTRAIRE, NOUS TOUCHERONS UNE CONTREPARTIE FINANCIÈRE DE 400 MILLIONS D'EUROS.
M. LE MINISTRE D'ÉTAT, QUI SONT LES ACTIONNAIRES DE L'ANSE DU PORTIER ?
EUH...
... CE SONT DES ACTIONNAIRES LOCAUX QUI ASSURERONT LE FINANCEMENT.
MAIS QUI ? IL FAUT AVOIR UN GROS POTENTIEL FINANCIER POUR TROUVER 2 MILLIARDS D'EUROS.
BOUYGUES ET PASTOR FONT PARTIE DU GROUPEMENT. JE NE PEUX PAS DONNER LES NOMS DES AUTRES PERSONNES.
PAR CONTRE, MOI, JE PEUX VOUS DONNER LES NOMS DES PEOPLE PRÉSENTS.

LUI, C'EST ANDREA CASIRAGHI, LE FILS AÎNÉ DE LA PRINCESSE CAROLINE, 4E DANS L'ORDRE DE SUCCESSION AU TRÔNE.
C'EST LE FILS DE SON 2E MARI, STEFANO, MORT DANS L'ACCIDENT DE SON BATEAU DE COURSE QUAND ANDREA AVAIT 6 ANS.
ET LÀ, AU 1ER RANG, CE N'EST PAS PATRICE PASTOR ?
YEP ! LE VRAI PATRON DU PROJET D'EXTENSION EN MER, C'EST LUI ! REGARDEZ COMME IL RAYONNE !
ET SON COUSIN, JEAN-BAPTISTE PASTOR, ASSIS AU 3E RANG.
EXACT ! JE VOIS QUE VOUS N'AVEZ PLUS RIEN À APPRENDRE SUR MONACO !
AOÛT 2019.

* HÉLÈNE CONSTANTY, « MONACO, LES SECRETS DU CHANTIER DU SIÈCLE », SOURCE "MEDIAPART", LE 8 SEPTEMBRE 2019.

OUI, CERTAINEMENT. IL PÈSE 3 MILLIARDS D'EUROS. MAIS IMPOSSIBLE DE LE FAIRE PARLER. J'AI MÊME ESSAYÉ DE QUESTIONNER LE GARDIEN DE LA VILLA QU'IL POSSÈDE SUR LA PRESQU'ÎLE DE SAINT-JEAN CAP-FERRAT, ENTRE NICE ET MONACO. MOTUS.
ALLEZ ! ON REPART !
DÉJÀ ?!...
PFFF... MAIS CET AGRANDISSEMENT DE MONACO, LÀ... ÇA ME FAIT PENSER À CES MILLIARDAIRES QUI ACHÈTENT DES ÎLES... PFFF...
... OU QUI FONT ÉLEVER DES MURS POUR SE PROTÉGER. PFFF... DES PAUVRES, DES IMPÔTS... ARFFF... DU RÉCHAUFFEMENT CLIMATIQUE... PFFF... DE LA MONTÉE DES EAUX... MONACO, C'EST COMME UN PROTOTYPE DE CES FUTURES FORTERESSES POUR RICHES... PFFF...
MMMH, PEUT-ÊTRE...
AH ! NOUS Y VOILÀ ! REGARDE CETTE VUE, TU VOIS LES TRAVAUX AU LOIN ?
ÉNORME !

LA PRINCIPAUTÉ COMPTE SUR CETTE FOLLE EXTENSION EN MER POUR CONSOLIDER SA POSITION DE GHETTO DE RICHES LE PLUS RECHERCHÉ AU MONDE.
UN GHETTO DANS LEQUEL LE SECRET EST AUSSI PRÉCIEUX QUE LA SÉCURITÉ.
MAIS L'AFFAIRE RYBOLOVLEV A ÉBRANLÉ TOUT ÇA : IL VA Y AVOIR UN PROCÈS ET DES CONDAMNATIONS...
PAS SÛR, LE JUGE LEVRAULT VIENT D'ÊTRE PRIÉ DE QUITTER MONACO...

... LA PRINCIPAUTÉ VA TOUT FAIRE POUR ÉVITER QUE CE SCANDALE NE VIENNE TERNIR SON REFLET.
CONSTANTY
CHAVANT

Un immense merci à Franck, Sylvain et Amélie, qui nous ont donné le goût de la BD d'enquête, à Clotilde pour sa confiance dans notre projet et son travail enthousiaste, à Didier et Adeline qui ont mis leur talent au service de cette histoire.

Hélène et Thierry

Noctambule

Une collection dirigée par Clotilde Vu

Conception et réalisation graphique de la couverture et de la page titre :
Didier Gonord pour Soleil, accompagné par Adeline Richet-Lartigue
Réalisation graphique des intérieurs et traitement des fichiers :
Adeline Richet-Lartigue

Éditions Soleil
PARIS
8, rue Léon Jouhaux – 75 010 Paris – France
TOULON
44, rue Baudin – 83 000 Toulon – France

Dépôt légal : mars 2021 – ISBN : 9782302093102
Première édition

Achevé d'imprimer en février 2021 sur les presses de l'imprimerie Lesaffre à Mouscron, en Belgique.